思想的力量

经理人必读的格言

Hermann Simon

［德］赫尔曼·西蒙 著

徐 畅 张晓静 译

东方出版中心

作 者 简 介

赫尔曼·西蒙（Hermann Simon）是世界著名企业顾问公司"西蒙-库赫及伙伴战略与市场咨询公司"的创始人、名誉董事长，入选全球"50大管理思想家"名人堂。曾兼任多所西方著名大学商学院的客座教授。作为国际知名的企业管理，特别是中小企业管理方面的专家，西蒙在工商管理方面著述颇丰，其撰写的《隐形冠军》在中国以中文版出版后，在我国企业界产生较大影响，被我国众多中小企业奉为圭臬。其作品已被译为26种语言。

主 要 译 者 简 介

徐　畅：中国社会科学院外国文学研究所副研究员。主要研究方向为近现代德语文学。著有《可能的文学——罗伯特·穆齐尔的随笔主义乌托邦》等。

序　言

　　我在将这些伟大人物充满睿智的箴言警句搜集成册的过程中，感受到了在撰写或编辑其他书时少有的乐趣。这是为什么呢？一个原因是这些箴言蕴含着高度浓缩的真理。我从这些箴言中收获良多，也时常为之茅塞顿开。我的另一个观点是：关于人际交往和领导管理的各种问题古已有之，它们跨越了历史的长河。其根本却从未改变。柏拉图、亚里士多德、塞涅卡、孔子、孙子和老子的主张与当今时代仍然息息相关。

　　基于上述原因，我希望中国读者尤其能从这本书中获得启迪。祝愿读者在享受阅读乐趣的同时，也能从中获得珍贵的洞见。众所周知的真理往往经历过一再验证。但对真理进行反复验证又有什么坏处呢？正如哲学家埃利亚斯·卡内蒂（Elias Canetti，1905～1992）所言："重要的是要反复践行伟大的思想，而不去在意它们是否已由前人告知。"本书收录的真知灼见曾在中西方著作中遥相呼应，这种情况不足为奇。攸关人类的重大问题在哪里都是一样的，智者据此抒发己见，提出解决之道。就这方面而言，本书承担了跨越中西方文化，为双方搭建桥梁的作用。

　　本书的目的是什么？它的读者是谁？每一个对犀利的洞见感兴趣、有了解意愿的人，都可以读一下这本书。阅读这些睿智的箴言，本身已是一种乐趣。但除此之外，本书还是一个巨大的文献库。经理、高管、企业家和政治家经常需要说教、讲话或交流。在适当的地方引用恰当的格言，无论是出于谈话需要还是无意识的流露，都能起到很大帮助。德国最著名的诗人歌德(1749～1832)正是一位勤勉的格言创造者，他曾给出建议：“轶事与故事集是世人最大的财富，只要他们知道如何在谈话中适当的地方穿插轶事，在恰当的场合下回忆起故事。”最后，许多观点同样适合作为指导方针，引导员工行事，或作为座右铭来激励员工。这种温和的引导方式有时比命令更加有效，因为它出自权威、态度中立且重点明确。本书根据领导与管理的各重点领域分门别类，以便于读者查找，筛选适用的格言。

这些格言警句是如何汇编成集的？不是通过系统性的研究！相反，这些洞见与箴言是我四十年来陆续收集所得，堪称关于领导与管理的巨大的谋略库。收集对象来自讲座、对话和会议；来自报纸、杂志和书籍；来自通信、电子邮件和互联网。我喜欢阅读格言集，经常能从中发现新的宝藏。由于我的收集源自各行各业，它们的作者既有历史、哲学、科学和诗歌等领域的伟大人物，也有当代高管、企业家、公民、政治家、记者和咨询师。其中一些人的名字为人熟知，另一些人的名字却鲜为人知。我并不总是知道这些箴言的出处，有时我只能标注它所出自的国家。我对文献的完善不感兴趣，我只在意其内容。我希望读者也能抱持同样的看法，谅解我不够严谨的呈现方式。

总而言之，我试图为领导者们提供一些智慧的明珠。你也可以将它们称作格言、警句、谚语、妙语、箴言、座右铭或人生准则，等等。它们有的尖锐而犀利，有的闪耀智慧之光，有的被代代相传，有的则引发争议。这些格言的魅力是什么？ 这里有一个答案："诗歌的精彩之处在于它向人们揭示了深藏在他们内心的秘密，没有它，人们仍然身处混沌中。"它们蕴含的基本真理当然无法与哲学家和格言创造者的智慧结晶相提并论。大部分基本真理久已为人熟知。但我们可以与一个简单的真理朝夕相处，使它烂熟于心、渗入骨髓。希望本书中的诸多箴言能够渗入你的骨髓，激发你的思考，在适当的时候得以践行。

衷心希望中国读者喜爱这本书并能从中获得许多富有价值的启迪。中国已成为我近年来深爱的地方。我拜访中国大约已有上百次，对中国的各大城市和广袤的土地逐渐有了深入了解。我也希望这本格言集能够促进两国人民之间的了解，增进彼此的友谊。

赫尔曼·西蒙

德国波恩，2021 年春

目录

1

黎明的彼岸

黎明的彼岸

管理最重要的任务之一就是整日思考，为企业勾绘蓝图和目标。曾有人问德国的大银行家赫尔曼-约瑟夫·阿伯斯，德意志银行主席内部辞职是因为什么。他回答的大意是那个人在前五年中几乎没有发挥任何的作用，然后人们自然会看到这样做的后果。

当比尔·盖茨在80年代初宣传他的全球软件企业的构思时，没人把他当回事儿。同样不乏勇气的还有幻想家莱茵哈特·莫恩，他在40年代末接手了小小的贝塔斯曼出版社。还有莱茵霍德·伍尔特，19岁丧父的他经营着只有一名雇员的螺丝生意。我们知道后来的微软、贝塔斯曼和伍尔特都发展成了什么样的企业。蓝图构思在这些企业惊人的发展中起到了无法衡量的作用。

企业需要像盖茨、莫恩或伍尔特这样的远见卓识，它是企业发展的基础。企业领导者最重要的任务之一就是要成为"精神领袖"，勾绘长远的主导蓝图。导航引路，做一个未来发展的精神"先知"是领导人不可忽略的任务。

那么什么是蓝图？一个幻象、一个理想国、一个梦或者别的什么与现实接近的可实现的东西？蓝图不应该是幻觉、想象和"海市蜃楼"，而是关于企业未来位置的设想。企业的创建者通常都有一个长达几十年的远景规划。最近一个成功的企业创建者告诉我："我总是为长期发展而思考，这样我们才不会做出短期的决策行为。我们今天想法的基础在20年前就已经确定了，现在我们正在为2015年的竞争位置做筹划。"

这个想法越来越得到重视，因为绝大多数企业都开始重视战略性的长期行为,而不是日常商务。研发、全球化、员工的发展、长期竞争优势的建立、从生产型企业转型到服务型企业都是上述的长期战略。为了有效地掌握实现这些长期战略的资源,企业必须对未来有清晰的定位,这就是远景规划!

取得长期的成功还同样需要保持持续进步发展的毅力。本书中的许多作者把忍耐、坚持和自身素质作为成功更重要的因素。最后,这两种要素都是必需的:正确的远景规划,以及数年或数十年持之以恒的努力。

但我们不要忘了幸运、霉运和偶然的作用。在通往成功的道路上,这三个同伴也起了不小的作用。我们的书中有很多建议是教你如何应付它们的。最后我们要面对的,就如同下面的格言所说:"生活中最难应付的两桩事情就是成功与失败。"只有墨菲定律能安慰我们,一切事物,只要它能斜着就不会正。另外墨菲是个乐观派。

幻　想

没有人在他所在的地方,而是在他自身的前方,在遥远的地平线上,在那里,他过着真实、现时的生活,每个人都生活在幻象中,好像这就是真实。　　荷塞·奥尔特加—加塞特

当你为造船而召集人手时,先别忙着给他们木头,制定计划和分派工作,你首先要教会他们向往无限辽阔的海洋。　　安托尼·圣埃克苏佩里

不知道自己驶向何方的人是不会体验到风的好处的。　　米歇尔·德·蒙田

对于不知道航行方向的人不存在顺风的时候。　　威廉四世·奥拉宁-拿骚

只有自己有方向的人才能指出方向。　　彼得·苏恩

我们是无。我们所寻求的东西则是一切。　　弗里德里希·荷尔德林

人类的历史即是人类幻想的历史。　汉斯·卡斯贝尔

珍惜你的幻想，就像它们是你灵魂的　美国谚语
孩子，你最终事业的蓝图。

比一切策略更重要的是幻想。　海因茨·克罗厄尔

伟大成功的开端总是有一个幻想。　赫尔曼·西蒙

所有杰出的管理都源于一个卓越的　罗伯特·海勒
想法。

蓝图给出了目标和方向。它必须由渐　赫尔曼·西蒙
进而且深入的改变构成，每天都要有
进步。它应该定位于理想和现实之
间，也就是说，把足够大的挑战作为动
力。成功实现蓝图的前提是有效的沟
通和通过领导树立榜样。理想的方式
是企业领导人本身就体现着企业的
蓝图。

如果一开始没有梦想，那么什么都不　卡尔·德伯格
会发生。

当你能够梦想时，你才能够实现梦想。　沃尔特·迪斯尼

没有行动的幻想只是幻觉。　格哈德·R. 沃尔夫

倘若仅仅一个人做梦，就始终是一个　多姆·赫尔德·加马拉

梦。但如果我们大家一起做梦,就会变为现实。

17 岁那年,我从麦克伦布格去柏林,徒步旅行,走了好几天,因为我一无所有,除了我的双手、我的理智和一个梦想。这个梦想就是我风华正茂时所说的"一个世界性企业"。这是一个关于大企业的梦想,它将通过不断的创新和远见卓识为人类的繁荣进步做出贡献,我也坚定地认为,它一定要为经济做出贡献。在这个梦想中的大企业中,它的管理者应该有双重的责任感,一个是对自己和员工,另一个同样重要的是对周围的社会。

维尔纳·冯·西门子

一个人要想成功地做生意,他就要有想象力。他必须像在幻境中一样看事物,把它当作一个梦。

查理斯·施瓦伯

谁不相信奇迹,谁就不是现实主义者。

阿拉伯谚语

做白日梦的人是危险的,因为他们会睁着眼睛,使他们的梦想成为可能。

托马斯·E. 劳伦斯

真正的现实主义者是幻想家。

费德里克·费里尼

一些人看到现实的事物问"为什么"，而我却梦想着不存在的东西，说"为什么不呢?" **乔治·肖伯纳**

理想如同星辰，我们从未达及它们，但我们却像海上的航行者根据星辰调整我们的航向。 **卡尔·舒尔茨**

一个好的幻想产生于现实与理想之间微妙的平衡。幻想是恰好可实现的东西。 **赫尔曼·西蒙**

如果人们不要求不可能的东西，也就不可能实现可能的东西。 **库尔特·海纳**

当你去摘天上的星星时，你可能一颗都摘不到，但你也不会弄得一手烂泥。 **李奥·贝纳**

理想的意义在于它无法实现。 **提奥多·冯塔纳**

一个整天想着星星的人是不会在意社交的。 **弗里德里希·黑贝尔**

要想建高塔，必须久挖基。 **安东·布鲁克纳**

领导人必须是精神领袖。 **赫尔曼·西蒙**

要点亮别人，就先燃烧自己。 **奥古斯丁**

梦是由希望编织而成的。 **巴西谚语**

如果生活没有人们所追求、所渴望和所欲实现的幻想，那么生活也就失去了奋斗的动力。 　　**艾里希·弗洛姆**

生命力本身是幻想的结果。如果不再存在对某种伟大的、美的、重要的东西的幻想，那么生命力就会减退，人会变得越来越虚弱。 　　**艾里希·弗洛姆**

很少有人爱幻想自己真正想要的东西。大部分人都只看眼前，只顾赚钱。 　　**朱蒂斯·M. 巴德威克**

想象力是把握事物可能性的心灵力量。 　　**沃利斯·斯蒂文斯**

我们的尺度不是今天的可能性。我们的尺度是未来可实现的东西的理念。 　　**库尔特·A. 柯尔伯**

世界上没有什么比理念更强大的东西了，它的时代已经到来。 　　**维克多·雨果**

对于经理人来说，远识要好过短视。 　　**赫尔曼·西蒙**

为了看得清楚，就需要经常变换视角。 　　**安托尼·圣埃克苏佩里**

幻想是危险的。 　　**君特·格罗特坎普**

虽然我们大家都生活在同一片天空下，但并非所有的人都有同样的视野。 　　**康拉德·阿登纳**

目标与毅力

目标就是有限期的梦。 **列奥·B. 赫尔策**

人们必须先了解目标而不是道路。 **让·保罗**

唯有认识目标者,方能击中目标。 **希腊谚语**

倘若没有确定的目的,人类的思想也
就变得毫无意义。 **米歇尔·德·蒙田**

只有方向才是现实,目标永远是一种
虚构,即便是已经实现的目标,而且这
个目标常常是奇特的。 **阿瑟·施奈德**

当你开始朝着一个有益的目标前进
时,你就已经成功了。 **美国谚语**

每一个企业都需要简单、清晰和将企
业凝聚在一起的目标。这个目标必须
易于理解,并富有挑战性,以便建立
一个共同的蓝图。 **彼得·F. 德鲁克**

目标创造事实。 **赫尔曼·西蒙**

如果你不知道您想往哪里走，那么走哪条路都行。 **列维斯·卡洛尔**

企业只有知道自己该往哪里走，才能有效地配置资源，才能正确决策，使员工们紧密地团结为一个整体。 **赫尔曼·西蒙**

要想瞄得准，就闭上一只眼睛。 **比利·威尔德**

当你忘了自己的目标，热情也会让你加倍努力。 **乔治·桑塔亚纳**

当我们失去目标之后，我们就会加倍地努力。 **佚名**

在我们生活于其中的时代，人们并不知道自己需要什么，却不顾一切地去获取。 **唐纳德·马尔克斯**

一个认真制定目标的人也一定能实现目标。 **本杰明·迪斯雷里**

如果你真的想要，你会找到一个办法；如果你不想要，你会找到一个借口。 **佚名**

自愿放弃的人多于真正失败的人。 **亨利·福特**

人累的时候，还可以走得更远。 **法国谚语**

每个人都必须制定一个无法实现的目标，只有这样他才能奋斗不息，追求不止。	约翰·海因里希·佩斯塔洛齐
革命需要一个目标。	伏亚切斯拉夫·尼可诺夫
如果你在生活中总是选择次好的，那你也只能得到次好的。	约翰·F. 肯尼迪
我愿意向你们透露我成功的秘密：我全部的力量就是忍耐。	路易斯·巴斯德
如果人们有机会在风暴中弃船逃生，那么就无人能穿越海洋。	查理斯·F. 凯特林
我们天生具有忍耐力，这让我们了解自己。	托比阿斯·沃尔夫
世上没有什么比坚持重要。才能不行——有才能而又失败的人比比皆是。天才不行——不正确认识天赋就只能是一场空。教育不行——到处都有受过良好教育的失败者。只有坚定目标、持之以恒可以让你成功。	卡尔文·库利芝
向大自然学习：她的秘密就是忍耐。	拉尔夫·瓦尔多·爱默生
小不忍则乱大谋。	中国智慧

永远不要失望，不要放弃。如果你不放弃，就不会被击败。	**蒂德·特纳**
赛跑不总是比谁跑得快，而是比谁能坚持到终点。	**美国谚语**
我们的最大弱点在于放弃。最确定的成功之路就是不断地去尝试。	**托马斯·阿尔瓦·爱迪生**
没有什么比成功更容易让人放弃的了。	**爱多斯·赫克斯利**
紧跟目标，缓慢前进的人比那些没有目标团团转的人走得更快。	**戈特赫尔德·艾弗莱姆·莱辛**
成功的秘诀就是坚持目标。	**本杰明·迪斯雷里**
在你达到顶峰之前，绝不要测量山的高度。只有站在顶峰，才会一览众山小。	**达格·哈马绍**
工欲善其事，必先利其器。	**中国智慧**
认为方式比目的更重要的人都是迂腐呆板的人。	**佚名**
自矜者不长。	**老子**
一个人如果走上一条错误的道路，那	**丹尼斯·狄德罗**

他走得越快,也就越迷失方向。

我之所以能得到这么多东西,是因为   **威廉·彼特**
我一次只要一样东西。

钻石实质上只是耐久的矿石。   **佚名**

那个人相信自己所说的,所以他才能   **让·米拉波**
走的远。

实现目标后不要急着摆庆功宴,而应   **彼得·F. 德鲁克**
该开始新的思考。

消极等待只能得到消极的结果,积极   **不对称期待规则**
进取始能得到积极的结果。

主观的管理?是客观管理的反面!现   **赫尔曼·西蒙**
在到处都是呢!

勇气固然可贵,耐力更加重要。耐力   **提奥多·冯塔纳**
才是最重要的事。

以兴趣和快乐全力以赴地追求下一个   **弗里德里希·黑贝尔**
目标,是达到最遥远目标的唯一途径。

只有放弃的东西才会失去。   **戈特赫尔德·艾弗莱姆·**
        莱辛

不是失败,而是过低的目标才是罪行。   **詹姆斯·拉塞尔·洛威尔**

多数人只关注曾走过的路，少数人才
关注目标。

弗里德里希·尼采

激情是永不懈怠的冲动，它使我们坚
定地追求一个目标。

诺曼·文森特·皮尔

进 步 与 发 展

进步只是乌托邦的实现。	**奥斯卡·王尔德**
进步——意味着我们用旧的烦恼换取新的烦恼。	**伯特兰·罗素**
内在的进步一大部分就在于进步的意志。	**塞涅卡**
所有时代的进步都出自这样一个环境,在这个环境里,人们相信必须要做的事是可以做成的。	**罗素·W. 戴文波特**
没有对现存事物的肯定,就没有进步。	**安托尼·圣埃克苏佩里**
人类的进步归功于那些永不满足的人。	**爱多斯·赫克斯利**
进步的首要前提是永不停歇、永不满足。	**托马斯·阿尔瓦·爱迪生**
每一次文明的进步一开始都被视为反	**伯特兰·罗素**

常的。

理性的人让自己适应世界,不理性的
人努力让世界适应自己。因此,所有
的进步都要靠那些不理性的人。

乔治·肖伯纳

我们把进步归功于那些不满足的人。
知足者是不希望改变的。

赫伯特·G.韦尔斯

大多数人都不自觉地把"进步"理解为
不能立足脚跟。

理查德·绍卡尔

进步的特征就在于,它看上去比其自
身更伟大。

约翰·内斯特罗依伊

我们所称之为进步的东西不过是一个
烦恼代替了另一个烦恼。

哈弗洛克·霭理士

当我们看到人类出发的起点时,她的
进步是多么的伟大呀,而当我们看到
人类所能达到的终点时,这一进步又
是多么渺小呀。

弗兰茨·格里尔帕策

真正发展着的市场是缓慢成长的。

斯蒂文·P.施纳尔斯

那些专长生产产品的国家要比那些主
要靠服务经济支撑的国家发展得
更快。

吕迪格尔·多恩布什

技术进步原则上是不可预测的,因此,预测它的终结也是毫无意义的。	约瑟夫·熊彼特
科学的历史是唯一能够揭示知识渐进的历史,因此,科学进步也在总体上成为衡量人类进步的唯一尺度。	乔治·萨顿
迄今为止,进步一直是令人惬意的,但它持续得太久了。	海克·阿夫赫尔特
没有什么东西是静止不动的。	托马斯·J.沃特森
公司是不会停滞不动的,它要么成长,要么衰落。	亨利·B.沙赫特
每一步都更接近于目标。这也适用于后退。	恩斯特·云格尔
不发展,就灭亡。	迈克尔·艾斯内
不进则退。	中国格言
谁站立不动,谁就成了绊脚石。	伊莲娜·萨德
企业必须发展以永葆青春活力。	莱因霍尔德·维尔特
只要道路通向前方,我便无而不往。	大卫·李文斯敦
财富500强公司裁掉了一百多万的职工,而同时,以小型创业公司为主体的	约翰·拉特利奇

非生产型行业在 80 年代增加了九百
多万的雇员。

与发展不同,缩减和裁员有一个必然 **赫尔曼·西蒙**
的限度。它们从来就不可能是长期的
目标。

我们为什么要发展？因为我们别无 **赫尔曼·西蒙**
选择。

进步是理念的实现。 **奥斯卡·王尔德**

所有的进步都基于普遍固有的欲 **萨缪尔·巴特勒**
望——所有生物都超越其收入存活。

革命是一些标志着人类的成长的 **弗里德里希·黑贝尔**
疾病。

成功与倒霉

成　　功

没有什么比成功更具有说服力。	**利奥波德·冯·兰克**
成功在于勇气。	**提奥多·冯塔纳**
成功只是结果，而不应是目标。	**古斯塔夫·福楼拜**
成功：灵感对偶然的胜利。	**罗塔尔·施密特**
成功的秘诀是理解他人的看法。	**亨利·福特**
只有干事，同时也期待成功的人，才会成功。	**托马斯·阿尔瓦·爱迪生**
对于乐观主义者来说，生活不是问题，而已经是答案。	**马歇尔·派诺**
我从不相信成功，我只是为了它而工作。	**雅诗·兰黛**
对于任何职业，通往成功的第一步都	**威廉·奥斯勒**

是兴趣。

只有整日工作的人，才会一夜成名。	**霍沃德·卡彭戴尔**
成功——一次没有目的地的旅行。	**本·施维特兰德**
成功是不引人注意地犯错误的艺术。	**佚名**
想成功的人，就不要害怕犯错误。	**弗兰克·泰格尔**
成功是赠予人的最后一样东西。	**杜鲁门·卡波特**
不满足是通往成功的第一步。	**奥斯卡·王尔德**
衡量成功的尺度不是你是否有个很难对付的问题，而是你是否在去年就已经有同样的问题。	**约翰·福斯特·杜勒斯**
商业成功根本的关键在于真正理解复杂的情况。	**罗伯特·A. 卢茨**
在成功面前，最坏的莫过于沾沾自喜。	**阿瑟·菲利普**
人们成功后做的最蠢的一件事就是自夸自喜。	**玛丽·冯·艾伯纳-艾欣巴赫**
如果 A 是成功，那么 A 就等于 X+Y+Z，X 是工作，Y 是闲暇，Z 是沉默。	**阿尔伯特·爱因斯坦**
成功的考验并不是你在山顶时会做什么，而是你在谷底时能向上跳多高。	**乔治·S. 巴顿**

成功的最高形式总是艺术,而不是科学。	**西奥多·列莱维特**
万事俱备时就可出发。	**列奥·B. 赫尔策**
你最成功的时刻正是你最脆弱的时刻。	**罗杰·福斯特**
我们总是担惊受怕,我们不停地问:"现在我们已经达到最高点了吗?"	**比尔·盖茨**
在任何行业中,要想永远保持一次巨大的成功或非常高的领导水平,有时要比第一次获得成功或领导水平更加困难。这是企业领导人所面临的最大挑战。	**艾尔弗莱德·斯隆**
一直能享受成功的企业也是一直为成功而战的企业。	**罗贝托·C. 戈伊苏埃塔**
只要我们害怕我们的成功稍纵即逝,我们就有了继续成功的一个重要前提。	**赫尔曼·西蒙**
在任何一种职业中,通往成功的第一步就是兴趣。	**威廉·奥斯勒**
成功人士向上走不是因为他想向上	**赫尔曼·西蒙**

走,而是因为他想离下面远一点。

通往成功的路是陡峭的,所以不要尝
试破纪录的速度。　　　　　　　**阿瑟·菲利普**

凉爽是最成功的天气,要达到它往往
需要冷空气。　　　　　　　　　**乔治·F. 凯南**

只有无赖才不择手段地获取成功,因
此他们总是成功。　　　　　　　**夏尔·波德莱尔**

成功没有改变人,它揭露了人的面目。　**马克斯·弗里施**

能聆听就成功了一半。　　　　　　**卡尔文·库利芝**

成功准则:我从不同时追两只兔子。　**奥托·冯·俾斯麦**

成功不是追风。(原文意思是"成功这　**艾尔哈特·布兰克**
个字中没有 H",德文的成功加一个 H
就成了跟随的意思)

小可能会很美,但还需要美丽之外的　**R. C. 布罗姆利**
一些东西来确保成功。

有许多成功的企业,也有许多高薪的　**诺曼·R. 奥古斯丁**
管理人员,关键在于不要把二者结合
在一起。

成功的最美的副产品是独立。任何人　**奥托·普莱明**

都无法强迫一个成功人士做他不喜欢

做的事。

你看,这就是名声: 孤独。 可可·香奈尔

使你既大胆又聪明的技巧就是成功的 波拿巴·拿破仑

技巧。

如果你在生活中没有取得成功,你不 亨利·米勒

需要立刻就将自己看作一个理想主

义者。

好的投资都是无聊透顶的。 乔治·索罗斯

成功来自没有丧失热情的失败。 温斯顿·丘吉尔

相遇是开始,合作是成功。 亨利·福特

幸 运

幸运大多数时候是灵敏、聪明、勤奋和 查尔斯·F. 凯特林

坚持的总和。

对幸运的期待比幸运更重要。 克利斯托夫·彼得斯

幸运就是自我满足。 亚里士多德

幸运属于满足的一种。 亚里士多德

理智是幸运的主要部分。	索福克勒斯
最大的幸运是性格。	约翰·沃尔夫冈·冯·歌德
幸运的人感觉，不幸运的人思考。	约阿希姆·费尔瑙
幸运并非轻而易举的事。从我们自己身上找到幸运是困难的，而从别处找到幸运则是不可能的。	尼古拉·尚福
如果能让自己高兴，就是最大的幸运。	乔治·肖伯纳
幸运是追求完美的一种副产品。	理查德·封·库登荷沃一卡莱尔基
当你因为另一个人更加幸运而感到痛苦时，你绝不会是幸运的。	塞涅卡
得到希望得到的东西是成功，希望得到能够得到的东西是幸运。	查尔斯·F. 凯特林
希望幸运和需要幸运就已经是幸运了。	恩斯特·瓦尔拉赫
我是幸运的信仰者，我发现越努力工作，我就拥有越多的幸运。	托马斯·杰斐逊
在幸运中永远漂浮着一滴忧伤的水珠。	保尔·恩斯特
当许多人徒劳地期待巨大的幸运时，却错过了微小的幸运。	皮埃尔·S. 布克

为了真正是幸运的,我们需要某些能够对之产生激情的东西。	**查尔斯·金斯利**
人们依赖幸运,但也必须认识幸运。	**曼弗雷德·艾根**
伟大的成功往往只是一个幸运的误解。	**达柳斯·米约**
有谁会想通过幸运变得愚蠢,而又通过损失变得聪明呢?	**萨尔瓦多·达利**
当一个人欲求幸运时,他便陷入了不幸。	**赫尔曼·吕贝**
幸运就是:当一个人看到时光流逝时,只希望它为自己而流逝。	**威尔纳·芬克**
幸运常常产生于聚精会神于细小的事物,不幸常常产生于疏忽细小的事物。	**威廉·布什**
我总觉得,我们看待生活中所发生的事件的方式,和这些事件本身一样,也是我们的幸运与不幸的重要组成部分。	**威廉·冯·洪堡**
许多人寻找幸运,就像是寻找一顶戴在头上的帽子。	**尼克劳斯·勒瑙**
适可而止者是幸运的。	**弗兰茨·李斯特**

相比于任何幸运，希望都是生命的一种更为强大的刺激。　　弗里德里希·尼采

毫无疑问，在人类的所有特征中，勇气必然属于幸运。　　约翰·海因里奇·佩斯塔洛奇

偶　　然

也许存在一种偶然，但许多同样的偶然却不是偶然。　　让·保罗

看上去是幸运的偶然的东西，通常都建立在理性的分析和前后一致的行动上。　　海蒂·格林

人的生活如同掷骰子：如果掷的骰子不是你所需要的，那么技艺会改善偶然的结果。　　普劳图斯

即便偶然也不是不可解释的，它有自己的规律性。　　诺瓦利斯

人类在偶然中为自己制造了一个幻象，一个为自己的愚蠢行为辩护的借口。　　德谟克里特

只要你提到一件事情……如果它是好的,它就会消失……如果它是坏的,它就会马上发生。	潜在规则
一个物体下坠是为了制造最大的伤害。	选择性引力规则
面包涂黄油的那一面坠地的偶然性正好与地毯的价值成比例的。	杰宁斯的推论
偶然是一个无意义的词;任何东西都不可能没有原因而存在。	伏尔泰
偶然是命运最脆弱的别名。	提奥多·冯塔纳
偶然只眷顾有准备的人。	柏莱斯·帕斯卡
当门关上时,偶然就发生了。	海因里希·德波勒
偶然是天意的绰号。	尼古拉·尚福

倒　　霉

凡有可能出差错的事,终将出差错。	墨菲法则
墨菲是一个乐观主义者。	墨菲法则的补充
失败比成功更富教益。	亨利·福特

成功有许多父亲。失败是一个孤儿。	**谚语**
如果你在生活中没有取得成功，你不需要立刻就将自己看作一个理想主义者。	**亨利·米勒**
没有天生的胜利者和失败者。人们或者学习胜利，或者不学习胜利，后者就意味着失败。	**爱德文·阿尔兹特**
他被失败弄得晕头转向。	**赫尔曼·西蒙**
企业所犯的大多数错误，都是在它顺利的时候，而不是在它状况糟糕的时候。	**阿尔弗莱德·海尔豪森**
我不能给你成功的公式，但我可以给你一个失败的公式：试图取悦每一个人。	**赫伯特·斯沃普**
人们必须善于收获失败的果实。	**奥托·施多瑟尔**
失败与成功的差别在于：一个是几乎正确地做事，而另一个是非常正确地做事。	**爱德华·西蒙斯**
没有人是完全无用的，他总还可以作为不好的例子。	**格哈德·诺伊曼**

一个好的失败者仍然是一个失败者。　　　格哈德·诺伊曼

今天是超级明星,明天就可能跌入　　　赫尔曼·西蒙
深渊。

我从来没有穷过,只是曾经身无分文。　　　麦克·托德
穷是一种心态,身无分文是指一种暂
时的情况。

给我看一个完全满足的人,我会给你　　　托马斯·阿尔瓦·爱迪生
看什么叫失败。

通往地狱之路铺满了良好的意愿。　　　库尔特·克鲁格

生活有两条规则,一条是普遍的,另一　　　萨缪尔·巴特勒
条是特殊的。前者是每个人最终都能
得到自己想要的东西,只要他努力过。
后者是每个人都或多或少是这个普遍
规则的例外。

生活中最难处理的两件事就是失败与　　　佚名
成功。

如果你想当一个成功的管理者,那么　　　伯恩德·罗尔巴赫
你周围必须有一些失败者。

上帝想让一个人失败,往往给他 20 或　　　沃伦·本尼斯
25 年的成功。

当一个一流企业冒尖时，也就预示着
问题开始出现。

赫尔曼·西蒙

1982年，畅销书《追求卓越》收罗了美
国43个经营出色的公司。两年后，其
中14个公司——约占30%——出现
了严重的财务危机。

《财富》杂志

许多人很晚才认识到，在成功的阶梯
上，只能跳过几个梯级，而且总是只在
下去的时候。

威廉·萨默塞特·毛姆

因为他各方面都不行，唯一的办法就
是不断提升他。

赫尔曼·西蒙

任何错误如果是别人犯的，都显得极
其愚蠢。

格奥尔格·克利斯托夫·
里希腾贝格

2

精神王国

精神王国

未来王国乃精神王国，在21世纪初，丘吉尔的这句格言似乎得到了证实。至少它对经济世界是适合的。在非物质工业领域，涌现出越来越多的前景可观的企业，它们没有大型工厂或可见的厂房设备，而是生产软件，通过因特网与数以百万计的顾客建立联系，收集并出售知识。即使在那些仍然提供产品的行业中，产品也已是高度浓缩的知识的微型载体，例如在制药和半导体工业中。

毋庸置疑，为了在竞争或政治中获得成功，精神与知识永远是不可缺少的。但它们的意义却在不断提升，知识的含量越高，研究和开发也就越来越成为核心部门，员工的技能也就越来越成为成功的要素。

科学是对真理的探索。"真理"作为哈佛大学的箴言并非偶然。真理、诚实、可靠，以及建立在此基础上的信任，是卓有成效的管理的基础。在我的企业里，我们把"诚实"奉为最高准则，尽管遵循这一准则并非易事（内外都一样），也显然不会完全实行，但生活却因此而简单了。真理和诚实不仅非常实用，而且还节省成本。相反，谎言则错综复杂、令人压抑、纠缠不休。诚如林肯所说，再好的脑子也无法让谎言的大厦牢固不倒。

我们的道路，从知识与理智通往天才。我们惊讶地发现，历史上的伟人们把天才首先看作是忍耐、毅力、勤奋和刻苦。事实果真如此呢，还是这些名人在有意识地遮遮掩掩？没有疑问的是，要有大成就，至少有百分之一的天赋肯定是必要的。对于知识，人们也存在一些疑虑。本书中的许多格言都把有知而求无知看得很高。我们可以这样理解,只有那些真正有知识的人才能了解和判断知识的界限。这给予我们一个信息,知识是永远没有尽头的。或者我们可以打个比方:知识的悲剧在于一个美好的假设被一个丑陋的现实所打破。

知识是通过学习获得的。令我们惊讶的是,自古希腊以来,人类学习的目标和热情几乎没有改变过。苏格拉底、亚里士多德、埃斯库罗斯和塞涅卡的智慧根本没有什么边界。然而,在今天这个时代,知识发展得如此迅猛,一些新的观点认为"忘却式学习"也是必要的,也就是说要忘掉旧的知识。同时现在的学习已经不再只限于个人,"学习型组织"也应运而生。一个组织真的能学习吗?或者它真的能拥有只有个人才具备的能力吗?不管情愿不情愿,管理人员越来越多地变成了教育者。沃伦·本尼斯称之为"权威人士必定是教育者"。通过阅读格言来学习讨论无疑是有益的。尽管网络和多媒体很发达,但阅读在现代社会中仍然具有启发能力。将来可能会出现读书的人和不读书的人在社会中的分裂。这已经在美国发生了,其结果是在美国社会中出现了两个阶层:有知的阶层和无知的阶层。

精神与真理

精神与理智

未来王国乃精神王国。	温斯顿·丘吉尔
所有的智慧都开始于对事实的认知。	西塞罗
能问聪明的问题就已经掌握了一半的真理。	弗兰西斯·培根
问题是智慧的开端。	勒内·笛卡儿
精神与知识的最好证明是清晰。	彼特拉克
如果你能清楚地处理一件事情,那么你就能对其他事情应对自如。	约翰·沃尔夫冈·冯·歌德
理智是接受环境的能力。	威廉·福克纳
在做事这个高贵艺术之外,还有另一个无为的高贵艺术,它就叫智慧。	佚名
除了我们自身承认的界限外,精神不	拿破仑·希尔

受任何限制。

一旦我们掌握了某些事物,我们就不   **卡尔·海因里希·瓦格尔**
再理解它们。

精神是老人的青春。   **伊曼努尔·韦特海默尔**

理智是精神的一种特征,因为有了   **埃米尔·皮卡**
它,我们才最终明白,一切都是不可
理解的。

愚蠢是所有疾病中最奇特的疾病。病人   **保罗-亨利·史巴克**
从来不受愚蠢的折磨,而其他人则不然。

也许检测一个人智力的最好办法是检   **利顿·斯特雷奇**
测他的归纳总结能力。

理智败坏了对本质事物的感觉。   **安托尼·圣得克旭贝里**

理智比科学更好。   **来自阿比西尼亚(今称埃**
        塞俄比亚)

没有什么比精神的奢侈更容易学会   **莫里茨·海曼**
的了。

一个有头脑的人绝不会说某些愚蠢的   **路德维希·伯尔纳**
话,也绝不会听某些愚蠢的话。

智慧的艺术就是知道什么该忽略。   **威廉·詹姆斯**

理智能敏锐地看到方法和工具,但却看不见目标和价值。	阿尔伯特·爱因斯坦
头脑本质上是预知的机器。	丹尼尔·C. 丹尼特
许多人以为他们在思考,实际上他们不过是在挖掘自己的偏见罢了。	爱德华·R. 穆罗
一架机器可以完成 50 个常人的工作,但却不可能代替任何一个独特的人。	艾尔伯特·哈伯特
人乃是一个感觉器官被奴役的有理智的生物。	爱多斯·赫克斯利
一个人在精神极度紧张的时候,看上去常常是愚蠢多于智慧。	阿诺尔德·门德尔松
理智的特征是不确定性。探索是它的工具。	亨利·德·蒙泰朗
理智意味着,恰当地,而不是过分地怀疑自己。	赫尔曼·西蒙
农民的策略似乎显得比一般人更笨,而城里人却恰恰相反。	托马斯·尼德洛依特
大学教育非但没有减少对非理性的兴趣,反而提升了这一兴趣。	曼弗莱德·隆美尔

理智是一位指挥官,他总是最后参加战斗,而战后又高谈阔论。	莱昂-保罗·法尔格
才具平庸之人通常总是谴责一切超越他自己视野的事物。	弗兰索瓦·拉罗什富科
哲学即怀疑。	米歇尔·德·蒙田
浅薄的思想家自然是口若悬河、滔滔不绝。	汉斯·卡斯贝尔
思考是所有劳动中最艰苦的劳动。因此,它不为大多数人所喜欢。	君特·魏森博恩
这个世界上最让人恼火的事情是,笨蛋们个个信心十足,而聪明人却充满了怀疑。	伯特兰·罗素
对精神来说,有体系或没有体系,同样都是致命的。因此,精神必须下定决心将二者结合起来。	《雅典娜神庙片断》
一切普遍化都是危险的,包括我这句话。	亚历山大·大仲马
唯有思考者才享受生活,而那些不思考的人却虚度光阴。	玛丽·冯·艾伯纳-艾欣巴赫

真　理

真理是时间的女儿。	德国谚语
只要太阳明天重新升起，光芒四射，真理的白昼就必然会到来。	弗里德里希·冯·席勒
真理在怀疑中说话。	马克·吐温
真理从未胜利；只是它的对手已经死去。	马克斯·普朗克
劝君莫于人言觅真理，真理自在君视中。	来自中国
为了获得真理，每一个人都应当竭力捍卫他对手的意见。	让·保罗
朴素是真理的标记。	拉丁谚语
每一清晰表达的思想都带有真理或谬误的戳记。	瓦尔特·拉滕瑙
真理很少是纯粹的，也从不是简单的。	奥斯卡·王尔德
信言不美，美言不信。	老子
国王的不幸，是不愿意听真话。	约翰·雅各比
如果诸侯们没有逐出宫廷小丑的话，他们本来可以为自己和他们的臣民避	路德维希·伯尔纳

免许多不幸。当真理不再允许说话
时,它便开始了行动。

热爱真理的人想看见真理。害怕真理   汉斯·库祖斯
的人已看见真理。

没有人记性好到能够一直说谎而不被   亚伯拉罕·林肯
揭穿。

真理只是合目的的谬误。   汉斯·赖兴格

举着真理的火把穿过拥挤的人群,而   格奥尔格·克利斯托夫·
不烧焦人的胡子,这几乎是不可能的。   里希腾贝格

艺术不是真理,它是让我们意识到真   帕布洛·毕加索
理的谎言。

没有什么比一个旧的谬误更损害一个   约翰·沃尔夫冈·冯·
新的真理了。   歌德

真理比真实更重要。   弗兰克·洛伊德·赖特

如果事实与理论不符,那么必须丢掉   迈耶尔法则
它们。

真理是无论什么都无法阻止的前进。   埃米尔·左拉

真理是朴素的,以至于看上去是那样   达格·哈马绍
的平凡无奇。然而,它在行动中却常

常不被承认。

谁背叛真理,也就是背叛自己。这里所指的不是谎言,而是指背离信念的行动。	诺瓦利斯
妨碍人们认清真理的,不是谎言,而是那些非常细微的错误的意见。	格奥尔格·克利斯托夫·里希腾贝格
听起来华而不实的东西,通常也是虚假的。	赫尔曼·西蒙
一半真理绝非是全部真理的二分之一。	卡尔·海因里希·瓦格尔
真理若被修饰,必会蒙受损失。	汉斯·卡斯贝尔
真理即思想与存在的同一。	托马斯·阿奎纳
人在世界上也许可以靠占卜为生,但却无法靠言说真理为生。	格奥尔格·克利斯托夫·里希腾贝格
只有当真理的接受者变得成熟时,真理才会有效。	克里斯蒂安·摩根斯特恩
在真理的崇山峻岭中,你的攀登绝不会是徒劳的:你要么今天继续向上攀登,要么练习你的力量,为了明天能登得更高。	弗里德里希·尼采
再没有比绝对真理更容易产生谬误的了。	萨缪尔·巴特勒

品　　味

品味是天才的一种女性形式。　　　　爱德华·菲兹杰拉德

品味是精神的节奏感。　　　　　　　斯坦尼斯拉·让·德·布
　　　　　　　　　　　　　　　　　　夫莱

品味是天才的常识。　　　　　　　　弗兰索瓦·德·夏多布里昂

风格是精神的外貌。　　　　　　　　阿图尔·叔本华

一个人必须有高雅品味,才不会人云　西蒙-提奥多·儒弗鲁瓦
亦云,随波逐流。

众所周知,觉得自己缺少才智和品味　托尼·麦斯纳
的人微乎其微。只有一小部分人表示
怀疑,而奇怪的是,恰恰是这些人才没
有理由去怀疑自己的才智和品味。

品味比智慧传播得还要少。总之,如同　赫尔曼·西蒙
一个傻瓜不知道自己傻一样,一个没品
味的人也不会感觉到自己没品味。

没有人会有很坏的品味,但某些人是　格奥尔格·克利斯托夫·
根本没有品味。　　　　　　　　　　里希腾贝格

天 才 与 才 能

天才就是百分之一的天赋加上百分之
九十九的汗水。 　　　　　　　托马斯·阿尔瓦·爱迪生

一个伟大的天才从不以别人的方式去
探索发现。 　　　　　格奥尔格·克利斯托夫·
　　　　　　　　　　　　　里希腾贝格

天才是不可模仿的。 　　卢克·克拉皮尔·德·沃
　　　　　　　　　　　　文纳格侯爵

天才就是在他所生活的世界与生活在
他内心的世界之间创造一种一致性。 　胡戈·冯·霍夫曼斯塔尔

天才与忧郁相近。 　　　亚里士多德

我相信,使天才具有创造性的是直觉。 　鲍伯·迪伦

迎着光走的人看不到自己的影子。 　艾尔哈特·布兰克

平凡的人使世界持久,而非凡的人则
使世界具有价值。 　　　奥斯卡·王尔德

天才就是长久的忍耐。 　米开朗琪罗

天才不过是一种能够忍耐的优秀素质。	乔治·路易斯·德·布封
伟大事业由"天才"开始,却只需要"努力"一人来完成。	约翰·德莱顿
天才指引道路,才能行于其上。	玛丽·冯·艾伯纳-艾欣巴赫
天才发现问题,才能则回答问题。	卡尔·海因里希·瓦格尔
所谓才能,不过是以正确方式所进行的连续不断的艰苦劳作。	欧内斯特·海明威
批评是嫉妒向才能征收的税金。	加斯东·德·莱维
人们经常觉得,多一份才能比少一份才能更不踏实,这就像三条腿的桌子比四条腿的桌子更稳固。	弗里德里希·尼采
才能只是巨大的忍耐。	阿纳托尔·弗朗士
理智是机械的精神,机智是化学的精神,天才是有机的精神。	诺瓦利斯
一个真正伟大的天才是不会误入歧途的。	约翰·沃尔夫冈·冯·歌德
天才与愚蠢的区别在于:天才有自己	佚名

的界限。

世上也存在着表面的天才。　　　　　　**格尔哈特·豪普特曼**

如果我们想要才能，那么我们必须接　　**乔治·莫尔**
受它带来的种种不快，这是世人所无
法做到的。想要成为天才，却和一般
人一样庸庸碌碌。

与其说天才超越了时代一百年，不如　　**罗伯特·穆齐尔**
说庸人落后了时代一百年。

伟大的头脑谈论理念，中等的头脑谈　　**海曼·瑞克瓦**
论事件，渺小的头脑谈论人际。

那些能够帮助他们的人，往往聚集在　　**迈克尔·勒·波伊夫**
一个或少数几个地方。

一个民族变得伟大，首先不在于那些　　**荷塞·奥尔特加-加塞特**
伟大的任务，而是在于一般民众的
高度。

在天才出现的地方，傻瓜们便结成了　　**乔纳森·斯威夫特**
兄弟。

托勒密的宇宙体系，即使理论与观察　　**詹姆斯·特菲尔**
结果相一致性的问题，与尼古劳斯·
哥白尼毫无关系。哥白尼根本就不是

一个真正的天文学家。

有些大脑虽然已是一片真空,为什么没有崩溃?唯一的解释是,在它们的周围弥漫着精神的空虚。	赫尔曼·西蒙
智者能伸能屈!一句不朽的格言。它说明了愚蠢统治世界的理由。	玛丽·冯·艾伯纳-艾欣巴赫
对于天才的作品,那些平庸的人总是会说:如果是我的话,会做得更好。	玛丽·冯·艾伯纳-艾欣巴赫
才能孕育于寂静,性格则由微不足道的事形成。	约翰·沃尔夫冈·冯·歌德
头脑里的东西越少,文件包就越大。	赫尔曼·西蒙
智者创造新的思想,而愚人则把它们传播开来。	海因里希·海涅

知识、科学、理智

只有提出问题，才能回答问题。　　　　　路德维希·维特根斯坦

单纯的知是少，在正确方向上的知是多，在正确的关键处知则是一切。　　胡戈·冯·霍夫曼斯塔尔

知识，即是把有价值的经验归纳为普遍的东西。　　　　　约翰·沃尔夫冈·冯·歌德

知识的根茎是苦的，但它的果实却是甜的。　　　　　加图

对所有事情都知道一点，远好于只知道一件事情。而最好的莫过于博学多识。　　　　　柏莱斯·帕斯卡

一无所知的人必定相信一切。　　　玛丽·冯·艾伯纳-艾欣巴赫

从整体来看，科学离生活越来越远，它只有绕一个圈子才能重新返回。　约翰·沃尔夫冈·冯·歌德

科学是对重复的预见。	安托尼·圣埃克苏佩里
那些谨慎的乐观主义者总算有理由说,我们现在在寻求自然最终规律上已经快接近尾声了。	斯蒂芬·W. 霍金
科学只有在它停止的时候,才真正开始引人注意。	尤斯图斯·冯·利比希
所有的智慧都已经被思考过了,人们所能做的就是再一次思考。	约翰·沃尔夫冈·冯·歌德
研究工作往往是很繁重的,要持续很多年。它发展和扩充知识能力,使得远见卓识成为可能。	D. B. 沃利斯－H. E. 克鲁沃
科学的悲剧在于——一个美好的假设为丑陋的现实所打破。	托马斯·亨利·赫胥黎
有教养的人反驳别人,智者则反驳自己。	奥斯卡·王尔德
今天的科学就是明天的谬误。	雅各布·冯·于克斯屈尔
正如我们所知,物理学六个月后就会完蛋了。	斯蒂芬·W. 霍金引自马克斯·伯恩
实践没有理论则盲,理论没有实践则空。	约翰·德蒙·伯纳尔

信息是最好的投资。	《时代》周刊
信息仅是被理解的东西	卡尔·弗里德里希·封·魏茨泽克
可用的信息比要了解的事情更多。	罗伯特·斯通
我们收集信息，是因为我们有能力这样做。	沃伦·本尼斯
我们可以从书本中获得信息，但真正的知识却只能从有知识的人那里获得。	罗伯特·丁·多兰
今天，以信息为基础的组织很大程度上只是一个幻想。	托马斯·戴文波特
在评价一个企业的时候，我们总是估量全部的固定资产。但隐藏在一个企业中的知识、创新潜力和激励机制，对于未来却更为重要。	海克·阿夫赫尔特
我们知道的只是一滴水珠，而我们所不知道的是一片大海。	依萨克·牛顿
知不知，尚矣。	老子
人知道得越多，要学习的东西也就越多。伴随着知识的增多，无，或者说，	弗里德里希·施莱格尔

对不知的知也同样在增多。

无知是最坏的错误。 **来自波斯**

投资知识总是有好回报。 **本杰明·富兰克林**

我们知道得越多,也就知道得越少。 **艾尔文·查加夫**

知识是唯一不受收益减少左右的生产 **约翰·莫里斯·克拉克**
工具。

我们可以消灭世界上的一切,唯独不 **阿尔贝托·莫拉维亚**
能消灭知识。

科学只不过是经过训练和整理的常识。 **托马斯·亨利·赫胥黎**

理性必须建立在心灵和直觉的知识 **柏莱斯·帕斯卡**
上,要凭借这种知识它才能为自己的
所有表述创造基础。

科学家是那种见识超过其影响力的 **赫尔马·纳尔**
人,政治家则相反。

科学是僵死观念的坟墓。 **米古埃·德·乌纳穆诺**

没有比一个好理论更实用的了。 **库尔特·列文**

社会学是这样一门艺术,它表达的是 **汉斯-约阿希姆·舍普斯**
人人都理解、人人都感兴趣的事物,以
至于不再有人理解它,并对它感兴趣。

心理分析与其说是科学，不如说是激情。	卡尔·克劳斯
某些医生的实践不妨可称之为理论。	艾尔哈特·布兰克
德国人，而且不仅仅是德国人，具有使科学难以接近的禀赋。	约翰·沃尔夫冈·冯·歌德
如果一个人用富有启发性的智慧总结了一本书，那么他比那些创作绝望史诗的作者更加有价值。	艾拉·惠勒·威尔科克斯
如果你从一个作家那里偷材料，叫作剽窃；如果你从许多作家那里偷材料，那就叫作研究。	威尔逊·米茨内尔
学术当前最大的威胁是出版物的泛滥。	《华尔街日报》
那些从事所谓科学或一种职业，又不觉得它一无是处的人肯定是很傻的。	理查德·绍卡尔
大胆地运用你自己的理智。	伊曼努尔·康德
最危险的愚蠢是敏锐的理性。	胡戈·冯·霍夫曼斯塔尔
健康的理性是为了精神，正如欢愉是为了肉体。	弗兰索瓦·拉罗什富科
人们无法预见理性的到来，直到它已	让·保罗

经在那里。

谁给知识让路,谁就能拥有知识。	**赫尔曼·西蒙**
对偏见的迷信在这个世界上被当作健康的理性。	**克劳迪-安德里安·爱尔维修**
人有时因为无知而收益。	**恩斯特·冯·孚伊希特斯雷勒本**
马的健康理性在于它不会骑在人头上。	**W. C. 费尔兹**
我很高兴知道:许多人只靠扩展了的视野能做些什么。	**卡尔·克劳斯**
如果思想有提纲的话,它就会变成口号。	**汉斯·库祖斯**
大多数人都依照潮流,而不是依照理性生活。	**格奥尔格·克利斯托夫·里希腾贝格**
那些完全没道理的人要比那些对了一半的人更容易说服。	**拉尔夫·瓦尔多·爱默生**
连神灵都在徒劳地和愚蠢斗争。	**弗里德里希·席勒**
聪明人观察一切,笨人只对一切发表议论。	**海因里希·海涅**

尽你所能比别人聪明些，但千万不要 　　菲利普·多默·斯坦霍普
说出来。

现在居然没有一点无用信息，真是让 　　奥斯卡·王尔德
人沮丧。

没有什么想法却能把它表述出来—— 　　卡尔·克劳斯
这造就了记者。

在某些情况下，理智也被叫作胆怯。 　　玛丽·冯·艾伯纳-艾欣
　　　　　　　　　　　　　　　　　　　 ·巴赫

受过最好教育的人往往是头脑最狭隘 　　威廉·哈兹里特
的人。

学习、教育、阅读

学　习

可耻的不是无知，而是什么都不想学。　　苏格拉底

我们不是为学校，而是为生活而学习。　　塞涅卡

我到底是为了谁而学习？——如果你　　塞涅卡
是为了自己，那就不要害怕失去勇气。

学习不是舒服的事情，它让人痛苦。　　亚里士多德

学而不思则罔，思而不学则殆。　　孔子

看似容易，做时难。　　中国智慧

坚持学习能让老人保持青春。　　埃斯库罗斯

学习宛如逆水行舟，不进则退。　　本杰明·布里顿

那些能够汲取教训的错误犯得越早　　温斯顿·丘吉尔
越好。

你必须从别人的错误中学习。你不可　　萨姆·列文森

能在你短短的一生中犯下所有的错。

人一旦停止学习,就老了,不管他是二十岁还是八十岁。人只要不停止学习,就依旧年轻,不管他是二十岁还是八十岁。	**亨利·福特**
现代公司必须是一个善于学习,而不是善于知道的组织。	**《财富》杂志**
生物只有在它的学习能力等同或超过环境的变化时才能存活。	**海因里希·弗里克**
如果你能学着写一个宝洁公司的备忘录,你就能学习如何思考。	**宝洁公司的原则**
只有比周围环境变化更快地学习,才能生存。	**学习的生物学规则**
学习能力是 g 乘以 g——产生(generate)新想法的商业能力乘以熟练地在全公司贯彻实行(generalize)它。	**戴维·尤利希**
唯一重要的学习就是那种有能力作出决断和实施的人的学习,即决策管理者的学习。	**阿里德·格斯**
终止学习的人也终止了改善自己。	**佚名**

学习中最难的事情就是学会学习。	伊曼努尔·康德
默而识之,学而不厌。	孔子
一个学生在别人那里学到了如此多的东西,以至于他现在要为自己而学的时候,他就已经成熟了。	威廉·冯·洪堡
智慧就在于学会如何学习。	贝尔托尔特·布莱希特
斯隆知道如何学习。他是一个能够在理由充分的事实面前改变想法的人。	理查德·S. 泰罗
学习最好的时候是在它既严肃又有趣的时候。	撒拉·劳伦斯·赖特福德
学习美德等于避免错误。	塞涅卡
一个人能做好某件事情,也就是能学习新东西的时候了。	佚名
通常我们是学多而知少。	卡尔·路德维希·冯·克内伯尔
人总是在学习犯错误。	约翰·沃尔夫冈·冯·歌德
在历史中,学习显得总是很消极。人们为了指责而记录下它们对别人所做	艾里亚斯·卡内蒂

的事情。

最让人沮丧的是在我们这个时代，再没有不学点什么的傻瓜了。	弗里德里希·黑贝尔
我们接受的东西越多，则我们的精神领悟力就越强。	塞涅卡
耻于提问的人也耻于学习。	克利斯托夫·雷曼
谁想了解人类，谁就必须研究他们辩解的理由。	弗里德里希·黑贝尔
只要一个人还在学习，还在接受新的习惯，并且还能承受矛盾，就依然保持年轻。	玛丽·冯·艾伯纳-艾欣巴赫

教　　育

为学日益，为道日损。	老子
人无法教育别人，只能帮助别人自己发现自己。	伽利雷欧·伽利略
教就是二次学习。	约瑟夫·儒贝尔
一个人只有通过教授才能学习。	约翰·A. 惠勒

如果你觉得教育太昂贵，那么就试试 德雷克·博克
愚昧的滋味吧。

我们常常看到一些人，成年累月地坐 塞涅卡
在教室里却毫无所获。在这些听众中
你会发现一大部分人只是把教育机构
当作游手好闲之余的休息室。

二十世纪的教育首要的要求是对过多 汉斯·卡斯贝尔
信息的本能拒绝。

公众福利要求公众接受教育以保证秩 波士顿图书馆的铭文
序和自由。

教育是保卫国家的最便宜的方式。 埃德蒙·柏克

当我们忘掉自己所学的东西时，我们 哈利法克斯爵士
唯一记得的只有教养。

教育就是把人从已知的事物引导到未 杨·阿莫斯·考门纽斯
知的事物。这种引导是温文尔雅的，
而不是暴力的；可爱的，而不是可
憎的。

对于终有一死的人来说，练习是最好 欧里庇德斯
的老师。

教育是我们忘掉所学知识时所唯一记 B. F. 施金纳

得的。

一年播谷，十年植树，百年立人。	**中国智慧**
只要你的孩子还在上学，你就也在上学，直至大学都是如此。	**赫尔曼·西蒙**
予人以鱼，则其可餐一日；授人以渔，则益其终身。	**中国格言**
如果你不想让一个人害怕危险，那么就训练他去面对危险。	**塞涅卡**
最大的浪费就是我们大学里人员的浪费。	**赫尔曼·西蒙**
权威人士必定也是教育者。	**沃伦·本尼斯**
最有价值的主管是那些把别人训练得比原先更好的人。	**罗伯特·G.英格索尔**
最优秀的领导者是那些教会下属自我管理的人。	**赫尔曼·西蒙**
美国的企管教学错误地认为，企业管理是一种可以不管企业种类而教授的技能，一个经理人可以管理钢厂、造船厂、银行或其他任何机构。我认为这是一个谬误。如果我是对的，那么我	**罗伯特·索罗**

们就需要更多的科学家,而不是经理
人。我们需要既有某个行业专业技术
知识,又有管理知识的人员。

一堂讲课就是老师的笔记,无须经过
大脑的消化,而变成学生笔记的过程。

莫提默·J. 阿德勒

所谓老师,从根本上说,他所重视的一
切东西,都只与他的学生,甚至与他自
己相关。

弗里德里希·尼采

阅　　读

阅读而不思考,就会变得迟钝;思考而
不阅读,则易上当受骗。

伯恩纳德·冯·克莱尔沃
　克斯

只有通过阅读才知道,有多少东西是
可以废而不读的

威廉·拉伯

在我的藏书室里,我打算阅读的书籍
有数千卷之多,其增加的速度远远超
过了我的阅读。

艾里亚斯·卡内蒂

原则上讲,不读书的人与那些不能读
书的人相比,不过是半斤八两而已。

赫尔曼·西蒙

每两个美国人中就有一个不会看公交路线图，也不能正确地填好一个表格。	引自 1993 年美国教育部的调查
没有什么比读书的人与不读书的人分裂得更厉害的了。	赫尔曼·西蒙
看和听的能力是天生的，读和写的能力则必须通过学习和练习而获得。	法兰克福汇报
读者多幸福呀：他可以任意挑选喜欢的作家。	库尔特·图霍尔斯基
阅读就是借债，从中创造价值，然后还债。	格奥尔格·克利斯托夫·里希腾贝格
一个积极的、有创造力的好读者是会重复阅读的。	弗拉基米尔·纳博科夫
我觉得人们应该去读那些刺痛他们的书。如果一本书不能像一记重拳那样击醒我们，那读它有什么用？	弗兰茨·卡夫卡
好书的一个特征就是越陈越香。	格奥尔格·克利斯托夫·里希腾贝格
谁能读完陀思妥耶夫斯基的书，谁就能跑马拉松。	赫尔曼·西蒙

莱辛承认自己读得太多,以至于影响了健康的理性。这表明了他的理性到底有多健康。

格奥尔格·克利斯托夫·里希腾贝格

破万卷书的人很少有重大发现。我这么说并不是为懒惰寻找借口,而是因为创造是以对事物的观察力为前提的,人们必须多观察事物,而不是听别人怎么说。

格奥尔格·克利斯托夫·里希腾贝格

知道如何去读书的人有能力去扩展自己、尝试不同的生活方式,让生命丰富、醒目和有趣。

爱多斯·赫克斯利·修克斯莱

创新之路

创新之路

在创新的路上,我们的目标只有一个,那就是未来。照这样说,未来是唯一重要的东西,因为其他的一切都已被抛在身后,无法改变。甚至现在也是模糊的,它只是过去与未来连接的短暂通道。对于个人来说,现在只能持续三秒。慕尼黑的路德维希-马克西米安大学教授恩斯特·泊佩尔专门研究人的大脑,他宣称:"各种实验表明,个人的现在感只持续三秒。"

面对未来,我们显得很矛盾。它的到来让我们既高兴又害怕。未来是谜、是机会、是可能性,至少不是"我们时代最难解决的问题",这是一个14岁孩子在一篇文章中的措辞。各种各样的人聚集在未来的集市,乐观主义者和悲观主义者、江湖骗子、占卜者和科学的预测家,使得这个集市散发出一种奇异的魅力。那些宣称能看到未来的人总是被信徒围绕,被他们当作演讲家、法师和顾问。他们不必担心预言穿帮,如何做到这一点,我们接下来的章节会给你实用的建议。尼尔斯·伯尔曾说预测是很难的,我们完全可以把它抛在脑后。

不管怎样,条条大路通未来。人们可以采纳社会学家卢曼的建议,就当根本不存在未来。丘吉尔把事件发生不久后的预测当作一种可靠的行为,把它从占卜的谬误中区别开来。还有一种更有效的预测行为,那就是去创造未来。

在这里要特别说明的是,创造力、创新和企业家精神都是很具体的。创造力是一种特别神秘的现象。新的理念是从哪里来的?"新东西是怎么来到这个世界上的?"海因里希·冯·皮耶尔和波尔柯·冯·奥汀格不约而同地提出了这个问题。是科斯特勒所说的"神光一闪"吗？还是灵感、偶然抑或艰苦工作和长期探索的结晶？也许是这些因素的综合！美国人有一个好词儿"serendipity"（意外的运气）很适用。这个词我找不到德语的译法，即使在 1 160 页厚的英德词典里也找不到。《牛津简明词典》如此解释 serendipity："使自己快乐和在意外中有所发现的能力。"在牛津同义词词典中，它的同义词有"机会、渺茫的机会、快乐的机会、幸运、好运气、意外、偶然"。这个词显然没有拉丁词源，在拉丁语中也找不到相应的词，只有霍拉斯·沃尔浦尔的一本书在书名中出现了这个词《塞伦迪普的三个王子》（serendip 是斯里兰卡古时候的名称）。针对创造力的格言都是 serendipity 的阐释。我们阅读后可能不会比先前知道得更多，尽管如此，它还是很有趣的。

谈到创新和企业家精神时我们会更确定一些。两个领域紧密相关，正如熊彼特的名言所示："创新就是管理者对旧有事物的富有创造性的摧毁。"引人注目的是，这个领域的格言都出自年轻的同时代人物。即使有一些经典作家，也是凤毛麟角。对创新、管理、机会的深入探讨本身就是一个创新的现象。我们应该对未来保持乐观，因为有意识的创新倾向、市场机制的创新和社会对新事物的高度赞许将会使得我们在这条创新之路上走得更快。

未　来

我们所有人都应该关心未来,因为我　　查尔斯·F. 凯特林
们将在那里度过余生。

未来有许多名称。对于懦弱的人它是　　维克多·雨果
不现实的东西。对于胆小的人它是陌
生的东西。对于勇敢者它是机会……

谁害怕未来,谁就不能好好地对待　　罗塔尔·施密特
现在。

未来属于那些相信自己的梦想无比美　　伊莲诺·罗斯福·罗塞威
丽的人。　　　　　　　　　　　　　　　尔特

要想管理好一个企业,就要管理它的　　马里恩·哈珀
将来;要管理将来就要管理信息。

有效的管理要立足于现在,着眼于　　詹姆斯·L. 海耶斯
未来。

我们总为将来而生活:就像杂声连　　路德维布·伯尔纳

连,却总成不了协奏曲。

如果能认识一个在我之后来到世上的人就好了！不认识一个来自未来的人,设想未来的细节太难了。	**艾里亚斯·卡内蒂**
每个时代都是一个谜,这个谜非得要到未来才能解开。	**鲁道夫·冯·耶林**
未来是可能,是自由。	**卡尔·雅斯贝尔恩**
明天即今天。	**托马斯·米德尔霍夫**
生活就是未来的前奏曲。	**皮埃尔·靳鲁**
谁不懂得把握现在,谁就只能依靠未来。	**塞涅卡**
任何时代,未来都是江湖骗子的照妖镜。	**约翰内斯·格罗斯**
大多数人认为未来是目的,现在是手段。实际上现在才是目的,未来才是手段。	**弗里茨·罗特利斯伯格**
我无法预言未来,但我可以为它添砖加瓦,毕竟未来是人创造的。	**安托尼·圣埃克苏佩里**
预言未来的最好办法就是去创造它。	**阿伦·凯**
未来是没有数据资料的。	**劳瑞尔·卡特勒**

自然科学家天生放眼未来。	**查尔斯·P. 斯诺**
自由主义者是乐观的，保守主义者害怕未来，社会主义者则计划未来。	**赫伯特·基尔施**
被人意识到的危险就不再是危险了。	**弗里德里希·W. 冯·斯托伊本**
总有一天，未来会变成现在，会和现在一样被当作无关紧要的东西。	**威廉·萨默塞特·毛姆**
为整个人生制定计划是多么傻呀，我们毕竟不是明天的主人。	**塞涅卡**
过去和现在是我们的手段，只有未来是我们的目的。	**帕莱斯·帕斯卡**
乐观主义者相信未来是不确定的。	**爱德华·泰勒**
未来不过是今天的人质。	**《华尔街日报》**
未来首先存在于想象中，然后是意志，最后是现实。	**罗伯特·A. 威尔逊**
未来就是你后悔今天不做事的日子。	**佚名**
未来也不是它曾经显现的模样。	**佚名**
我们时代最难以解决的问题也许是未来。	**引自一个 14 岁学生的文章**

我们从来不执着于现在。我们把未来作为目标,加快它的实现,因为它来得太慢了。同时我们也回顾过去,以便更好地实现未来。	柏莱斯·帕斯卡
人们必须在意识上想着未来,在行动上想着过去。	夏尔·莫里斯·德·塔里兰
我的祖国不是过去,而是未来。	罗曼·罗兰
世上有两个派别,过去派和未来派,也分别叫作建成派和行动派。	拉尔夫·瓦尔多·爱默生
在大多数机构里,未来都没有落脚之地。	罗纳德·亨克夫
那些在行动中考虑未来影响的人不会做对未来有害的事情,因此他们一般都会很幸运。	格奥里格·克利斯托夫·里希腾贝格
只有不把未来当回事,才能摆脱它的困扰。	尼克拉斯·卢曼
有人可以在过去看到现在,在现在看到未来。	贝尔希·毕希·雪莱
我们的问题应该在未来,而不是在过去寻找答案。	弗雷德里克·费斯特

永恒就是在未来之后到来的东西。	**赫尔曼·西蒙**
在后视镜中是看不到未来的。	**彼得·林奇**
我们不能为我们的后代建造未来，但我们可以为未来教育我们的后代。	**富兰克林·D. 罗斯福**
那些预言未来的人，即使他的话灵验了，他也是在撒谎。	**阿拉伯谚语**
总有一天，我们的后代会惊讶于我们居然对如此明白的事物一无所知。	**塞涅卡**
猜想未来是危险的，但不去创造未来是不负责的。	**亨利·戴特丁**
预测家是那种不知道自己走的路，却给别人指路的人。	**厄尼乌斯**
在比赛中，关键的不是球在哪里，而是球将会落在什么地方。	**威纳·葛里斯基**
我想找一个独臂的经济学家，这样这个家伙就不能说"但是另一方面"。（英语"on the other hand"意为"另一方面"，字面意思为"另一只手"。——译注）	**哈里·S. 杜鲁门**
经济预测专家最基本的条件不是什么	**约翰·肯尼斯·尔布雷加尔布雷**

都知道,而是不知道他所不知道的。
它最大的好处在于所有的预测,不管
对还是错,都会很快被人忘掉。

参加新产品规划过程的行为本身,会　　　斯蒂文·P. 施纳尔斯
导致过度乐观的预测。

预测未来是困难的。　　　　　　　　　尼尔斯·伯尔

几乎没有证据表明,专业或业余的预　　斯蒂文·P. 施纳尔斯
言家了解未来工业技术的前景。

预测的最好时机是在事件发生后　　　　温斯顿·丘吉尔
不久。

很难预测人类的行为,因为人类适应　　蒂摩斯·菲瑞斯
性强、富有创造力,这些品质是电脑预
测无法计算的。电脑测量图标中的曲
线不管如何变化,都是我们在操纵
着它。

只有沉默的人才真正了解未来。　　　　约翰·肯尼斯·加加尔布
　　　　　　　　　　　　　　　　　　　雷斯

如果你有强烈的欲望要预言未来,那　　斯蒂文·P. 施纳尔斯
就躺下睡觉吧,让这种感觉悄悄遛走。

那些预言未来的人根本就不知道他们　　格尔哈特·豪普特曼

预测的是什么东西。

技术预测更多地放在现在，而不是未　　斯蒂文·P. 施纳尔斯
来。预测不可避免地建立在时代的精
神上。

那些嘲笑科幻小说的人同时也在看天　　凯尔文·斯鲁普三世
气预报和经济预测，这难道不有趣吗？

不确定中也包含确定性。　　亚里士多德

绝对没有证据表明，复杂的数学模式　　斯蒂文·P. 施纳尔斯
比简单的直觉模式预测得更准。

有一些人，只要能够预测世界的毁灭，　　费里德里希·黑贝尔
他们就会觉得安慰许多。

那些预见到不幸的人要受两次苦。　　拜尔拜·珀蒂乌斯

人们不应该预测未来，而应该尽可能　　安托尼·圣埃克苏佩里
创造它。

2013 年的家庭将普遍是单亲家庭。　　海克·阿夫赫尔特

要想体验 2010 年的生活，就去迈阿　　霍尔格·瓦格纳
密。不断增长的老年化让我们这个社
会的创新力大打折扣。

不要说出你想做的事，因为万一不成　　皮塔科斯

功,就会沦为别人的笑柄。

我很难相信在下 150 年中,我们会有和上 150 年一样多的重要发现和发明。如果有谁在 150 年后读到了我这句话,我肯定他会笑话我的无知。	**安德鲁·A. 鲁尼**
我更喜欢预测时尚潮流的人,而不是描述潮流的人。	**格奥里格·克利斯托夫·里希腾贝格**
人们必须从未来的角度看待今天的情况和新的思想。	**赫尔曼·西蒙**
对未来好好计划的商人会致富,不能这么做的商人会破产。	**迈耶·阿姆舍尔·罗特施尔德**
所有的潮流都会自动导致反潮流。	**卡尔·伯恩**

创　造　力

人们总是相信，能够首创新的思想体
系的人，如莱布尼茨，也一定能在每个
细节上有新想法，如脱靴器。因此名
人传记才如此流行。

让·保罗

电脑是无用的东西，因为它只给出答案。

帕布洛·毕加索

研究就是我在做的事情但我自己并不
知道在做什么。

威恩·诲尔·冯·布劳恩

创新就是隐藏你知识来源的艺术。

富兰克林·P. 琼斯

对显而易见的东西进行分析是需要很
特别的头脑的。

艾弗雷德·诺斯·怀特海

并不是最聪明的人才有好机遇，好机
遇是幸运的礼物。

**戈特赫尔德·艾弗·莱
姆·莱辛**

没有什么比人们只有一个理念更危险
的了。

佚名

获得好主意的最好办法是想出许多主意。 里纳斯·鲍林

什么是创新？创新就是看到一样还没有被命名的事物，尽管它就在所有人眼皮子底下。 弗里德里希·尼采

专心观看能让你看到许多东西。 约吉·贝拉

奇特的是，只有那些非同寻常的人能有所发现，事后人们再回想又觉得这些发现很是稀松平常，但为什么他们发现不了呢？这是因为要发现事物最简单、最真实的一面是需要很深的学识的。 格奥尔格·克利斯托夫·里希腾贝格

创造行为是创新对习惯的胜利。 阿瑟·库斯特勒

想象力比知识更重要。 阿尔伯特·爱因斯坦

在一个时代，很少有人会毫无畏惧地接受一个新思想。幸运的是这样的新思想对于我们大多数人来说少得可怜。 威廉·萨默塞特·毛姆

所有伟大的发明和著作都来自背离固有思想行为准则的自由意志。 阿瑟·库斯特勒

如果有一种方法可以做得更好，就找到它。	托马斯·阿尔瓦·爱迪生
我们的思想总是与伟大的发现擦肩而过，它们的距离到底有多远呢？	格奥里格·克利斯托夫·里希腾贝格
要找有创造力的人才，你自己必须要有才华。	让·保罗
创造力往往被人认为和疯狂有某种联系。创造力和疯狂一样令人害怕，因为它天生不可预测。	罗杰·彼得斯
使人乏味的不是缺少思想，而是缺少新思想。	让·保罗
想象力丰富的人常为可能性而困惑。	汉斯·阿恩特
我不追寻，我发现。	帕布洛·毕加索
我并没有什么特殊的才能，我只是极端地好奇。	阿尔伯特·爱因斯坦
在各种可能的联想中，能把不同领域内的因素整合在一起的联想更容易出成就。	亨利·庞加莱
创造性思维也许只是一种认识：照通常做法做一件事情是毫无意义的。	鲁道夫·弗雷施

受过大学教育的科学家只能看到书本上要他们看到的东西，这样他们就与自然的伟大秘密擦肩而过。

马修·约瑟夫森

机遇是理性的附属物。

弗里德里希·黑贝尔

每一种科学在发展的特定阶段内都会有衰弱和丰产共存。

威廉·詹姆斯

更高层次的秩序和智慧是从混乱中浮现出来的。

伊尔亚·普利高津

对于富有创造力的人来说，生活就是工作。

D. B. 沃利斯 & H. E. 格鲁伯

一个新思想——往往只是一句过时的套话，如果我们能亲身体验它的真实的话。

阿图尔·施尼茨勒

幻想只有在理性社会中才是可忍受的。

弗里德里希·黑贝尔

幻想是用画面思考的能力。

恩斯特·霍恩内姆译

真正的发现不是发现新的大陆，而是用新的眼光看东西。

马塞尔·普鲁斯特

真正的理解只能借助从不同方面尝试来获得。

《科学美国人》

创新的一个前提是：不用了解很多东西，但能够把很多东西联系起来。	**威廉·布雷克**
创新主要是能发现旧有事物看不到的联系。创新就是重新联系。	**佛朗索瓦·雅各布**
一些有趣的机遇就像多年不见的两个思想朋友的意外相遇。	**《雅典娜神庙片断》**
有新思想的人在他成功之前是被人看作怪人的。	**马克·吐温**
百分之七十二的创新思想来自只占百分之十六的创造性团队。	**罗尔夫·贝尔特**
创造性思维的一个首要条件是掌握至少一个领域的专业知识。	**D. B. 沃利斯 & H. E. 格鲁伯**
机遇通常只给那些艰苦工作的人。	**马克斯·韦伯**
梦想来自清醒的思考。	**东方格言**
勤问者，傻一时；不问者，误一生。	**中国格言**
大兔子总是从小树丛中跳出来。	**怀德曼语录**
寻找问题比寻找答案更重要，问题里的东西要比答案里的东西多得多。	**瓦尔特·拉滕瑙**
思想把精神从直线前进中解放出来。	**佚名**

如果领悟是先前思想的重新组合,那么什么是"先前"当然跟领悟一样重要。	佚名
一直保持独特是创新的死敌。	汉斯·卡斯贝尔
伟大的老人总有着伟大的老思想。	汉斯·卡斯贝尔
科学创新和科学写作之间有一种比通常人们认为的更为紧密的联系。	D. B. 沃利斯 & H. E. 格鲁伯
什么都不想比只想一点点要好得多。	特里斯坦·贝纳德
机器可以做任何事情,它可以解决人们给它的各种问题,但它从不会提出一个问题。	阿尔伯特·爱因斯坦
在工作的同时,我花了很多时间在写作上。我发现,一个人要真正写下什么东西时,他才能了解这种东西。	汉斯·克雷布普斯
在新的信息社会中,成功的关键因素包括信息、知识、创造力。你只能在一个地方找到这些东西,那就是你的同事那里。良好的人际关系会为你赢得全新的地位。	约翰·奈斯比-帕特里夏·亚伯丁
有想法还不够,你必须要知道这个想法好不好。	里纳斯·鲍林

要看一个想法好不好，就看它有没有被剽窃。	汉斯-赫尔曼·凯尔斯滕
我觉得伟大创新家的秘密在于他们对生活的各个方面都很好奇。	李奥·贝纳
好机遇是有教养的人的常客。	《雅典娜神庙片断》
谁能定义一个问题，谁就解决了一半问题。	尤利安·赫克斯利
我已经学会了实践我称之为"建设性的不满足"的东西。	李奥·贝纳
里希腾贝格在他的草稿纸上写下了无数的想法，如果一个人也这么做，那么他也有机会冒出几个很好的想法来。	赫尔曼·西蒙
在人们不需要的时候，很多想法会不请自来。只有把它们写下来，才能在用得着的时候找到它们。	赫尔曼·西蒙
当我在一个想法上盖上我的印章，为它申请专利时，它就消失了。	诺瓦利斯
提纲是影响构思的框架。	荷兰皇家壳牌公司
当人们在一个新领域内认为权威意见是错误的时候，他很少会错。	赫尔曼·西蒙

大多数头脑风暴聚会产生的想法通常都是肤浅的、琐细的、不怎么新颖的。它们很少能派上用场。然而头脑风暴的过程会让那些缺乏创造力的人们感觉自己正在做着创造性的贡献，而且他们面前也有听众。

哈尔维·布洛克

在电脑称霸的时代，什么能够拯救写作？只有靠那些人们无法用图像描绘的抽象概念。

赫尔曼·西蒙

幻想产生灵感，灵感产生伟大的创新。

李奥·贝纳

三到四倍的改善建议更多的是来自生产过程，而不是旧的组织。

《法兰克福汇报》

我们的思想总是与伟大的发现擦肩而过，它们的距离到底有多远呢？

格奥尔格·克利斯托夫·里希腾贝格

写作能够唤醒沉睡在每个人心中的机制，每个写作过的人都会发现，写作总是会唤醒人们内心中一些不曾意识到的东西。

格奥尔格·克利斯托夫·里希腾贝格

创　　新

对于每一个复杂的问题,简单、讨巧的
办法往往是错误的。

亨利·L. 孟肯

当旧的模式被破坏时,新的世界就浮
现出来了。

蒂利·库普佛贝格

创新是管理者对旧有秩序创造性的
毁灭。

约瑟夫·熊彼特

创新者是全面思考的人。

亨利·庞加莱

具有开拓性的创新并非来自文化的同
一,而是来自不同的思想和观点。

尤尔根·E. 施伦普

给人财富的不是发明,而是改良。

亨利·福特

当我一直思考新的想法时,我看起来
跟生了病一样。

约翰·沃尔夫冈·冯·
歌德

昨天的发现是今天的平常,我们常为
人类曾经的茫然无知而惊讶。

阿瑟·库斯特勒

我们的名字总有一天会退到那些飞翔发明者的身后而被忘记。	格奥尔格·克利斯托夫·里希腾贝格
把事情变简单是最难的事情。	亚历克斯·法勒尔
对创新最好的赞扬就是有人说:"这很明显嘛。"	彼得·F. 德鲁克
创新来自外部,重要的创新很少来自那些资源丰富的公司,那些目前在业界占据主导位置的公司往往是最没有远见的。	斯蒂文·P. 施纳尔斯
大多数创新的传播速度惊人的慢。	斯蒂文·P. 施纳尔斯
很明显,在你以技术创新为标准来判断新产品的潜力时,最好保守一点。	斯蒂文·P. 施纳尔斯
五台电脑就能成就一个全球市场。	托马斯·J. 沃特森
如果你想创新,就必须有用直觉进行判断的能力。	弗雷德·史密斯
如果我们重视对知识的追求,那么我们就必须自由地追随知识探求的引导。	艾德莱·E. 斯蒂文森
没有一种企业成熟到不用创新。	佚名
创新告诉我们应去何方,而我们不能	利威欧·D. 戴西莫尼

决定创新前进的方向。

记住思想的寿命比人类和事物的长。如果你不紧跟着你的思想，它会把你甩在后面。	杰瑞·卡普兰
例外不总是旧规则的证据，它也可能是新规则的前哨。	玛丽·冯·艾伯纳-艾欣巴赫
凯芙拉纤维正是我们要找的东西，但当时我们并不知道要它做什么。	杜邦
创新不是通过技术，而是通过使用而得到促进的。	赫尔曼·西蒙
如果研制出一个产品后没有市场，那么就创造一个市场出来。	索尼座右铭
当一个人说出某种新的想法时，没有人愿意倾听，也没有人愿意相信，他遭到反对和嘲笑。但当他的想法得到实施时，人们又会觉得很平常了。	乔纳森·斯威夫特
持续的改善胜于被推迟的完善。	马克·吐温
最好的发明就是取消那些单调无聊的劳动。	弗罗里安·朗根塞特
我们完全有能力重新开始创造世界。	托马斯·潘恩

自从诺亚方舟之后再也没有什么时候像今天这样。一个新世界的诞生即将来临了。

市场管理者必须学会使创新成为惯例。

菲利普·科特勒

新观念得以贯彻,不是因为它的反对者被说服了,而是因为这些不再存在。

马克斯·普朗克

我建议,将阿基米德从亚历山大大学中驱逐出去,因为他用物质玷污了纯洁的数学。

柏加的阿波罗尼奥斯

如果一种创新一开始不是针对管理层,那么它就不可能足够创新。

彼得·F. 德鲁克

科学之路如同一条远古的沙漠小径,到处都布满了过时理论和教条的干枯尸骸,而这些理论在鼎盛时期都被认为是永恒的。

阿瑟·库斯特勒

结构的转变之所以使我们感到不安,是因为它发生的速度如此之快,令人惊诧。创新的要求几乎变成了一种持续的压力。

海克·阿夫赫尔特

新事物总是容易在新型大学里诞生。	**彼得·莫劳**
大企业缺乏创新精神，乃是普遍的计划和控制系统所导致的不可避免的结果。	**克利福德·平肖**
如果说大企业特别富于革新精神，那么总有一些小的独立的"策划者"团队绕开甚至破坏形式系统。	**克利福德·平肖**
什么，先生，你只是在船只的甲板下点亮火把，以此来对抗强风和洋流？请原谅我，我没有时间去听这样的蠢事。	**波拿巴·拿破仑**
创新意味着使用受过科学训练的人，让他们用少量的钱生出更多的钱。	**维尔纳·P. 迈耶**
世界上真正伟大的东西永远都不会马上让人喜欢	**希格弗里德·奥古斯特·马尔曼**
我不想发明什么不能出售的东西。	**托马斯·阿尔瓦·爱迪生**
贝尔先生，经过对您的发明认真的思考后——当然您的发明是很有趣的——我们最后认为它没有商业价值。	**约翰·皮尔蓬·莫根**
我从未偶然去做有价值的事情。我的	**托马斯·阿尔瓦·爱迪生**

发明绝不是偶然出现的。它是我的
工作。

爱迪生在消除贫困方面比任何改革家
和政治家都更有贡献。

亨利·福特

古腾堡让所有人都能阅读,施乐静电
复印机让所有人都能出版图书。

赫伯特·马歇尔·麦克
卢汉

在任何一种理性领域产出新观点的
人——即发现新知识的人——都是人
类永远的恩人。

约翰·高尔特

最大的发明或许是发明人们如何
发明。

赫尔曼·西蒙

作为一个消费者,如果一个产品因为
创新而在三个月后就过时的话,我会
非常沮丧的。

海瑞·贝克斯

当我们不犯错误,这就意味着我们还
做得不够。

菲利普·H. 奈特

我可以雇用数学家,但数学家不能雇
用我。

托马斯·阿尔瓦·爱迪生

我们创造的世界是迄今为止我们思维
水平的结果,它已经造成的问题其难

阿尔伯特·爱因斯坦

度是我们今天无法解决的。

今天一辆普通的汽车所含的动力处理　　　**斯坦·戴维斯**
信息跟 1969 年阿波罗登月飞船所含
的一样多。

有一天计算机会不会连接在大脑上？　　　**赫尔曼·西蒙**
只能通过打字来给电脑发命令真是太
低效了。

每天的第一个创新就在于回忆不断创　　　**赫尔曼·西蒙**
新的必要性。

机会和企业家

机 会

意识不到你的自由，你就是囚徒。	**美国谚语**
一个智慧的人创造的机会，比他找到的还要多。	**弗兰西斯·培根**
机会总是留给有准备的人。	**路易斯·巴斯德**
人越是按计划行事，就越容易碰到偶然。	**弗里德里希·迪伦马特**
做不必要的冒险是不可能的。因为你只有做过，才知道它是不是必要的。	**乔凡尼·阿涅利**
不管我的目光投向哪里，机会处处都从问题中产生。	**尼尔森·A. 洛克菲勒**
合理的可能性才是唯一的确定性。	**爱德加·毕生·豪**
重要的不是分配财富，而是分配机会。	**阿瑟·H. 万港登伯格**

过早与过晚永远只是一瞬间。	弗兰茨·韦弗尔
世上本没有路，走的人多了，也就成了路。	中国智慧
每条路都会与其他路相交。	来自马达加斯加
今生无安全可言，唯有机会。	道格拉斯·麦克阿瑟
美国体系会给予我们每个人一个大机遇，只要我们能用双手抓住它。	艾尔·卡邦
对于我来说，没有饱和的市场，只有机会。	艾里希·希克斯特
在难题的汪洋中央，有一个小岛叫机遇。	美国谚语
在你迷失目标的时候，你所看到的那些可怕的东西都是障碍。	汉娜·莫尔
微小的机会常常是伟大事业的开端。	狄摩西尼
真正的挑战是让你的同事始终追求新的机遇，而同时继续现有的保险稳定的业务对于他来说肯定更舒服一点。	海因里希·弗里克
难道我们不更愿意通过掷骰子来让最	詹姆斯·戈德斯密斯

好的人也得到机遇吗?

最终的冒险不算冒险。　　　　　　　　**杰姆斯·戈德施密特**

新的机遇很少适合企业通常进入市场　　**彼得·F. 德鲁克**
的做法。

一定要听专家的。他们会告诉你什么　　**罗伯特·A. 海莱因**
不能做,为什么不能做。然后你就去
做是了!

只有不断地尝试不可能的事情,可能　　**赫尔曼·黑塞**
的事情才会发生。

在生意场上,一个能预见到所有可能　　**詹姆斯·凯利**
出现的问题的人,是不会开始做
事的。

如果活动家预见到了所有可以克服的　　**西奥多·克勒**
困难,那么,人类历史上的许多高尚活
动都不可能进行了。

避免思考机会的最合理的理由,就是　　**爱德华·德·波诺**
假设,另一个人把握了机会。

本能是头脑对数据的胜利。　　　　　　**罗伯特·奥尔本**

我们必须抓住到来的事物。如果它们　　**来自芬兰**
没有到来,就必须迎面走上去。

不要对我说,这个问题是困难的,如果
没有困难,也就不会有问题了。　　　费迪南·福煦

开拓者和企业家

拓荒者的麻烦在于印第安人会杀死拓
荒者。　　　西奥多·莱维特

最好的鸟儿吃虫子,最好的虫子被
鸟吃。　　　诺曼·R. 奥古斯丁

要想经营成功,就要敢于争当第一,与
众不同。　　　亨利·马尔坎特

才能的一部分在于勇气。　　　贝尔托尔特·布莱希特

生活中的一大乐趣就是做大多数人认
为不可能做的事。　　　沃特·白哲特

最好的鸟儿捕捉最肥的虫子。　　　来自津巴布韦

先锋派就是那些不知道往何处去,却
想最先到达的人。　　　佚名

勇于争先!　　　宝洁

慢一点胜过犯错。　　　托马斯·杰斐逊

做对胜过做第一。	宝洁
生活中最大的危险就是变得谨小慎微。	阿尔弗莱德·阿德勒
显然,未来不属于优柔寡断的人,而是属于那些意志坚定,坚持自己做出的决定的人。	罗曼·罗兰
你不必在一个行业里当第一,但要比别人更具独创性。	保罗·高索曼
企业家本人是其事业最糟糕的维护者。他们是极端的个人主义者,常常缺乏政治直觉,生来就各自为政。	约翰·菲利普·冯·贝特曼
深思熟虑一件事情,常常需要的是勇气,而不是理智。	汉斯·阿恩特
已经在某一领域一统天下的企业很难再有超越自身的突破。	乔治·吉尔德
弱者不奋斗。稍强者也许奋斗一个小时。更强者奋斗数年。但最强者则奋斗一生。这样的人是不可或缺的。	贝尔托尔特·布莱希特
我信任那些不寻常的人——总是缺钱的企业家,而不信任那些总能让现金	阿尔曼德·艾尔普夫

流转,支付红利的官僚。

历史表明,一个糟糕的学生完全可以
成为一个优秀的企业家。然而,这并
非意味着,只有糟糕的学生才能成为
优秀的企业家,而所有优秀的企业
家都是糟糕的学生。

赫尔曼·西蒙

不要跟着路走,去没有路的地方留下
你的脚印。

美国谚语

企业家不是一个可以操纵经济的上
流人士俱乐部。企业家是那些成千
上万的、独立经营自己的企业或者在
现代企业中承受多种多样管理任务
的人。

约翰·菲利普·冯·贝
特曼

如果管理者精神也陷入空想的漩涡,
那么情况就危险了。

约翰·梅纳德·基纳斯

重要的是做一个最优秀者的意志。

文德林·维德金

绝不要要求你自己也能够得到的东西。

米古埃·德·塞万提斯

企业家能看到别人看不到的机会,并
战胜对新事物的恐惧。

布兰柯·魏斯

宁可扬起尘土,也不要让灰尘堆积。

胡尔贝特·布尔达

如果你没有让海岸离开视线的勇气，　　**美国座右铭**

就永远不会发现新的大洋。

一切弱点中最大的弱点是害怕软弱。　　**雅克·布尼涅·鲍修埃**

4

战略的花园

战略的花园

我们做的究竟是什么生意？这是至今还让众多经理人感到困惑的问题。1961年哈佛商学院营销学教授西奥多·列维特在其著名文章《营销短视论》中指出，铁路并不是铁路生意，这在当时被看作是一种革命。曾造就世界名牌手表劳力士的安德烈·海尼格称，劳力士不是钟表生意，这句话支持了列维特的观点。铁路、劳力士表或者化妆品制造商们做的究竟是什么生意？寻求这一类问题的答案是"生意定义"的任务，而有人把"生意定义"视为制定战略的起点。不管怎样，这些思想被认为是现代战略概念的精神先导。

但战略到底是什么？是一门艺术还是一门科学？或者二者兼是？就像我们收集的名言所证明的那样，在"战略"这个概念背后隐藏着丰富多彩的含义与内容。焦点、集中、承诺以及直觉等词汇引人注意地频繁出现。然而战略还包含着一个与此相反的含意，那就是要知道什么是我们不该做的。此外，战略不仅不能按部就班地实施，而且也绝不能对其进行事先描述。正如我们的名言所反映的那样，人们往往只是在事后才发现某种做法是一种战略，或者只是事后把它叫做战略而已。大量的战略失败案例就特别能够说明这一点，尤其是在多元化经营方面出现的失败。

这些失败的最主要的原因何在？在这种情况下到底缺少什么？很明显是缺少必要的能力与技能！然而要想让人们意识到这样一个简单的道理却还需要相当一段时间。长期以来很多经理人沉迷于一个幻想，那就是认为自己是无所不能的。只要有机会的地方，他们就想去找出一条路。大错特错，技艺从来都来自能力，而才能、技能与能力在每个人身上分配得并不均等。真正的"通才"过去是,现在是,将来也始终会是紧俏货。甚至连深受格哈德·费尔斯影响的最流行的口号"发现核心能力,而不是核心能量"也并未给出永久性的解决办法。

我为什么要说战略的花园呢?因为园丁这个比喻恰如其分地描述了战略的任务。像园丁一样,战略家也必须栽培、照料他的企业和生意,使其生长,同时进行必要的修剪,除去芜杂的枝丫。做这一切需要很大的耐心,因为他的劳动要取得成果是需要时间的。而且在此期间你无法预测所期望的成果能否实现。诸多不利因素如害虫、恶劣的天气及对养分的争夺都会对正在生长的植物造成伤害,这就需要园丁那双保护的手。这就是战略!

当战略家们再也想不出任何点子的时候,他们就会求助于时间,发动一场时间的竞争。但是他们知道什么是时间吗?我们总是倾向于假设,越是当我们不知道自己要谈什么的时候,我们的话越多。时间的例子可以证实这个假设。古往今来,还没有任何一句现代名言能够超越希坡的奥古斯丁的古典箴言。也许爱因斯坦可以与之有一搏。他一针见血地把时间定义为我们从钟表上读到的东西,对此谁能够反驳呢?这句话没错,但过于狭隘了。因为时间能做的更多,她不仅可以愈合所有的伤口,解决所有的问题,同时也充满了矛盾,具有许多形而上的特性。时间是我们的盟友、朋友或敌人,它为我们工作或反对我们,它是永恒的近亲。但是时间之后又是什么呢?

在我们所谈论的话题中，这个问题很容易回答：是组织！未来是否会像克里斯蒂安·摩根斯特恩所猜测的那样是属于"组织"这个词的呢？无论如何，艾尔弗莱德·钱德勒的"战略以后是结构"这句话是无可辩驳的。不过还是打住吧，因为在此我们要谈的问题是：战略。

商业定义与战略

在工厂里我们生产的是化妆品，在药店里我们销售的是希望。	查尔斯·里弗森
我们将在铁路商业中遥遥领先。	菲利普·安舒兹
铁路并不存在于铁路商业中。	西奥多·列维特·莱维特
劳力士并不存在于钟表商业中。	安德列·海尼格
两辆保时捷同时出现在一条街道上是一场灾难。	彼得·舒茨
貂皮大衣并不是让女士感到温暖，而是让她们保持安静。	佚名
没有不好的天气，只有不合适的衣服。	约翰内斯·米勒
我们是一个研究型的生产公司，而不是市场型的公司。	马克斯·德·普雷
一桩除了钱而什么也赚不到的生意是一个糟糕的生意。	亨利·福特

放弃那些恶劣的商家,银行才能生存。	**佚名**
银行是一个在好天气时借给你雨伞而在下雨时就要索回的地方。	**罗伯特·弗罗斯特**
一只钟表除了显示时间别无他用。	**格哈德·福尔默**
商业只有两种功能——营销与创新。	**彼特·F. 德鲁克**
新扫帚扫得干净,但旧扫帚知道角落在哪里。	**佚名**
商业中最重要的东西不在课本里。人们可以这样说,越是重要的东西,在课本里提到的就越少。例如商业餐。	**赫尔曼·西蒙**
战略是以战争为目的的战斗应用。	**卡尔·冯·克劳塞维茨**
战略是对个别战役的构思并在战役中间安排个别的战斗。	**卡尔·冯·克劳塞维茨**
战略必须要付诸战场,让每个人都各司其职,同时还要对全局进行调整,因为全局自始至终都是至关重要的,战略须臾不可或缺。	**佚名**
战略是一门艺术与科学,它发展和投入一个企业所有的力量,以确保最大可能的利润并长期生存。	**赫尔曼·西蒙**

一件本来花费较少就可以完成的事情是没有必要多花钱的。	**威廉·奥卡姆**
战略实际上就是指引它的一种幻想。	**伯尔特·纳努斯**
战略的本质就是选择什么事情可以不做。	**迈克尔·波特**
战略就是交流的过程。	**霍斯特·卡卢斯**
我们被我们自己的战略华丽辞藻愚弄了。	**安德鲁·格鲁夫**
在大多数美国公司里,紧迫的事情挤掉了重要的事情。	**罗纳德·亨克夫**
人们用指尖描述战略。他们日复一日穷于应付这样的事情,诸如推销产品、做出价格让步及选择销售渠道。	**安德鲁·格鲁夫**
无数的五年计划积满了灰尘——它们都是对成本、价格和市场份额的,不可能再详细的预测。	**罗纳德·亨克夫**
战略计划在今天是获得错误结果的最重要的科学方法。	**托尔莱夫·斯皮克森**
已有的多个计划没有任何意义,正在进行的计划则是一切。	**杜威特·艾森豪威尔**

企业战略就像园艺工作：必须让企业
生长并进行修剪。

赫尔曼·西蒙

战略的本质就是从对手的定位中找到
不同的定位。

迈克尔·波特

模仿是战略中最常见的错误。

迈克尔·波特

在战略中要改变已经确定的方针就像
在外交领域里一样越来越难。

约翰·H. 赫兹

成功的公司很少改变他们根本的战略
定位，自始至终地致力于保持其战略
方向的一致性。

迈克尔·波特

持续的成功在很大程度上取决于时时
聚焦于正确的事情，而且每天进行许
多不起眼的细微改进。

西奥多·列维特

便宜，优质，快速。您只能选择两个组
合，不可能三个全选。

英戈·克劳斯

快速，敏捷，强壮。

登山者的口号

灵活战略的必要组成部分就是尽可能
早地预见到结果。它基于快速反应战
略，而不是长期预测。

斯蒂文·P. 施纳尔斯

在太多的公司中战略计划的制定已经

罗纳德·亨克夫

变得过度官僚、过分庞杂,而且在很大
程度上与主题无关。

最大的利润率只能使市场的领先者
受益。 **罗尔夫·贝尔特**

如果在熔炉里放进太多的铁块,那么
总有几块熔化不了。 **佚名**

一个小企业并不是一个小型的大企业。 **佚名**

松鼠虽小,也不是大象的奴隶。 **尼日利亚谚语**

在小市场上做大生意。 **斯腾贝思(Steinbeis)公司**

弱小者如果把强壮者或市场领先者
当作榜样加以模仿,那么他永远不会
变大。他必须在这两者之间的空隙
中发展。应该变永远相同为永不
相同。 **EKS 公司战略**

战略中的正确答案很少是"不是……
就是……",在大多数情况下都是"既
是……也是……"。 **赫尔曼·西蒙**

所有进展顺利的事情,事后都被解释
为战略。 **格哈德·施罗德**

只有战略才能确保收益的持久。 **迈克尔·波特**

更大与更好是不一样的。 **赫尔曼·西蒙**

我们的战略是：不要在大象表演的地 **爱德华·罗伯特**
方跳舞。

能 力 与 技 能

你的天赋所在，也是你的任务所在。 **德国谚语**

要想在这个世界上成功地做某事，就 **富兰克林·D. 罗斯福**
必须像已经成功了那样去做。

并不是每个时代都能找到伟人，也不 **雅各布·布克哈特**
是每个伟人都能找到他的时代。

能力的唯一凭证就是效率。 **来自美国**

当人们不仅要理解复杂的工具或机器 **霍华德·加德纳**
设备，而且还要进行发明创造时，各种
能力的结合是最好不过了。

战略要求将外部的机会与内部的能力 **赫尔曼·西蒙**
结合起来。

真正全面的咨询顾问或者说最成功的 **赫尔曼·霍尔茨**
咨询顾问在许多职业角色方面都做得
很好：咨询、演讲、写作、授课、领导、

指导。咨询本身仅仅是个开始。

很少有人不会做别的，而能把生意做好的。 菲利普·多默·斯坦侯伯

如果我不能描绘它，我就不能理解它。 阿尔伯特·爱因斯坦

我们将精力集中在我们能够做的事情上面，然后把它做成世界规模。 格哈德·克罗默

我不想说赋予机器直观的能力是不可能的，但是如果把人类能做得更好的东西交给它们，那就太不经济了。 诺伯特·维讷

情感是推理过程必不可少的一部分。我甚至怀疑人类不是因为缺乏逻辑能力而痛苦，而是因为缺乏贯穿逻辑推理过程的情感而苦恼。 安东尼奥·戴马西欧

计算机可以安全地处理问题，存储、组合信息及玩游戏——但是它不能给你们带来快乐。 列奥·罗斯腾

他们把自己没有能力做的事情都认为是不可能的。他们从自身的弱点出发，评判他人的能力。 塞涅卡

如果那些股票专家真是知识渊博的 诺曼·R.奥古斯丁

话,他们肯定去购买股票,而不是去做咨询。

艺术来自才能,质量来自忧虑。	**佚名**
每一个愚笨的少年都可以踩死一只甲虫。但世界上所有的科学家都无法将其制造出来。	**阿图尔·叔本华**
做你了解的事情,并把它做得最好。将成功寄托在你的专业知识与经验上。	**列奥·B. 赫尔策**
能力的价格不是取决于美德,而是取决于供应与需求。	**乔治·肖伯纳**
您交给我的这项任务太难了,以至于我都不敢拒绝它。	**欧内斯科·斯塔林**
任务不能凌驾于人之上,人应该驾驭任务。	**格哈德·乌伦布鲁克**
当热情与技能一起工作时,杰作就出现了。	**约翰·拉斯金**
我很早就知道可能有人比你聪明,但是如果你能将技能和战略结合起来,你就能击败他们。	**约翰·钱伯斯**

保持距离是驾驭事物的前提。如果想要前进，必须在做的同时，观察、判断自己正在做的事。	让－雅克·塞万－施莱伯
放弃永远在拥有之前：为了取得成功，人们必须在工作的过程中进行观察和评判。	让－雅克·塞万－施莱伯
现代物理对于物理学家来说太难了。	大卫·希尔贝特
人们必须要用所支配的木头来雕刻他们的生命。	提奥多·施托姆
我不知道，还有什么精神比一个真正商人的精神传播得更广，也更值得去传播。	约翰·沃尔夫冈·冯·歌德
我不太喜欢多样性，或者说根本就不相信多样性。那些独特的、美的和伟大的东西，都必定是单一的。	费利克斯·门德尔松－巴托尔蒂
如果你想有所收获，就要对自己有所约束。	夏尔·奥古斯丁·德·圣伯夫
大多数人缺少将一次会谈、一篇读物及一项研究的实质进行概括的能力。他们肯定不知道这些。	赫尔曼·西蒙

不存在弱点,只存在改进的潜力。弱点源于对改进能力的不信任。	赫尔曼·西蒙
专家就是一个只在十分狭窄的领域内犯过所有错误的人。	尼尔斯·伯尔
专家就是那些在走向重大谬误的过程中避免犯一些小错误的人。	本杰明·斯多尔伯格
专家并不是学识渊博;因为他们从不关心不属于自己专业的事情。但他也不是胸无点墨的,因为他是科学界人士,在他的专业世界博大精深。我们必须称他们是学问的愚昧者,而且这是件非常严肃的事情,因为有人说他们对于自己并不理解的问题表现得非常骄横,就像那些在这一领域里的权威人士一样。	荷塞·奥尔特加·加塞特
理解十个实际思想要比理解一个理论思想更容易,而且重要性相应也要低一些。	莫里茨·海曼
越迷路,就越聪明。	格尔哈特·豪普特曼
我们的脑袋之所以是圆形,是为了能	弗兰西斯·皮卡比亚

改变思想的方向。

某些科学家用完美的方法进行毫无价值的研究。	赫尔曼·西蒙
生活是艰难的——更多的原因是对生活的不重视。	艾米尔·戈特
如果你相信没有你就不行,那么没有你就更好。	佚名
增长知识有两条道路。一条是在山谷里沿着小溪和河流行走。迷路了,前进和后退,最终明白该怎么走。另一条路是笔直上山,从那里你可以对整个流域一览无余。	卡尔·伊默尔曼
我们需要尽可能多的通才。	赫尔曼·西蒙
认识到一个错误给我带来的快乐经常大于错误本身带给我的烦恼。	格奥尔格·克利斯托夫·里希腾贝格
我们德国人都有"责任"疑心病,它造就了我们的优势与弱点。	克里斯蒂安·摩根斯科恩·莫根斯戴恩
操作性的研究导致我们不能了解实际的问题。	赫尔曼·西蒙
世上没有比拥有一个健全的理智更好	勒内·笛卡儿

的事情了。

最受人们重视的能力是支付能力。 **奥斯卡·布鲁门塔尔**

只要我们认识到了弱点，它就不会再 **格奥尔格·克利斯托夫·**
伤害我们了。 **里希腾贝格**

核心权限代替核心能量。 **格哈德·费尔斯**

只要人们愿意，就能够做到。 **诺瓦利斯**

时　间

一切都近在咫尺，只要你有充足的时间。　　　　斯蒂文·赖特

时间是温柔的神灵。　　　　索福克勒斯

时间就是金钱。　　　　第欧福·拉斯特

时间就是金钱——这是一个时代或一个民族都已熟悉的一句极其平庸的名言。把它调个位置，你就会得到一个极具价值的真理——金钱就是时间。　　　　乔治·吉斯林

将时间视为金钱，珍惜它们。　　　　列奥·B. 赫尔策

过去人们花时间节约金钱，今天人们花金钱去节约时间。　　　　约翰·哈蒙德

尽可能用金钱去购买时间。　　　　迈耶·弗里德曼

什么是时间？当我自己去思考这一问题的时候，我就知道答案。但当别人　　　　奥古斯丁

请我去解释的时候,我又不知道了。

时间就是人们从钟表上看到的东西。	阿尔伯特·爱因斯坦
一切都是别人的财富,只有时间属于我们:这份唯一的、匆匆流逝的财富真正把自然给了我们,可随便哪一个人都能把我们从中驱逐出来。	塞涅卡
人无远虑,必有近忧。	中国
地球上两个最大的暴君是:偶然与时间。	约翰·戈科弗里德·赫尔德
时间是人类最大的敌人。	亚可夫·阿格
对于部落人来说,太空是个无法控制的神秘地方。对于技术人员,时间也同样如此。	赫伯特·马歇尔·麦克卢汉
增加工作量以便让时间来完成。	诺斯柯特·帕金森
我们的时间不是太少,而是浪费得太多。	塞涅卡
时间是我们最想得到,而又运用得最差的东西。	威廉·潘
时机永远是成熟的,它考虑的只是用于什么。	弗兰索瓦·莫里亚克

没有时间的人不会成熟。	**弗里德里希·格奥尔格·里希腾贝格**
着急不起作用,关键是在正确的时间开始行动。	**让·德·拉封登**
我没时间让自己匆忙起来。	**伊格尔·斯特拉文斯基**
没有耐心的人总是迟到。	**让·杜图尔**
难者不会,会者不难。	**中国智慧**
头头觉得您有好几条命,先生:是因为你额头上的皱纹,还有,对不起,因为你拥有时间的财富。如果有谁长生不老,那一定是首长。	**斯滕·纳多尔尼**
在现代化大城市里,人们都在你追我赶,但达到目的的却寥寥可数。	**格尔哈特·豪普特曼**
向来没时间的人做的事情最少。	**格奥尔格·克利斯托夫·里希腾贝格**
让飞速的时间停在你的眼前,想一想我们策鞭疾驰的道路是多么短,再看看人类历史的火车,它朝着同一目标前进,仅是由一节节小小的车厢连在一起。	**塞涅卡**

迟到的人是那些在看表的人。	**威廉·布什**
时间可以愈合所有的伤口。	**德国谚语**
治疗心灵的最有效方法是时间,但也是最昂贵的。人们必须以不可挽回的存在为代价。	**卡尔·古茨科**
你只有一个选择,那就是取消一些浪费宝贵时间的活动。	**迈耶·弗里德曼**
没有事件发生,时间就显得苍白。	**迈耶·弗里德曼**
人们必须花时间在基本问题上做决定。但许多多余的小决定占用了过多的时间。	**托马斯·哈里斯**
有一种辩证法,能让人们洞察秋毫:准备了几个月的,几分钟就办完了事;在几秒钟内弄错的事情,整整一年都消除不了负面影响。	**斯滕·纳多尔尼**
人们在任何事情上都有时间,唯独在永恒上是例外。	**卡尔·克劳斯**
时间和我与另外的时间和我进行较量。	**菲利普二世**
选择时机是一种策略,这适用于任何	**斯蒂文·施罗斯坦**

事情。

取得成功最重要的因素是选择时机。　　　**彼得·F. 德鲁克**

我们能把钟表往前拨，但时间并不因　　　**奥托·冯·俾斯麦**
此而走的更快些，在诸多关系发展中
间，等待的能力是实际政治的一个
前提。

等待的人也许会得到，但他们所得到　　　**亚伯拉罕·林肯**
的只是奔忙的人剩下的。

一切都有两个时间点：正确的和错　　　**斯藤·纳多尔尼**
过的。

准备很多，等待更好，但利用正确时机　　　**阿图尔·施尼茨勒**
是一切。

我们必须学习把时间因素作为战略武　　　**阿尔弗莱德·海皮耶尔**
器来运用。

你必须尽可能飞快地奔跑，这样最起　　　**列维斯·卡洛尔**
码能保持你现在的位置。

大多数人都白花了时间，因为他们的　　　**阿尔弗莱德·海尔豪森**
思考都不彻底。

时间是个不可靠的同事，人们从不知　　　**阿尔贝托·莫拉维亚**
道它到底为谁工作。

时间被蜉蝣的恐惧赶得飞跑。	尼克劳斯·许奇宾斯基
时间不为您工作。您必须自己去做。	《商报》
天下所有的计划都有自己的时刻。	传道所罗门 3,1
速度只有当您朝着正确方向奔跑时才有用。	佚名
速度与灵活成了最重要的美德。	《财富》杂志
技术的领先经常是一个速度问题。速度更快的是技术的领先者。	赫尔曼·西蒙
德国人总是迟到。就像音乐一样，它永远是所有艺术中最后一种表现世界现状的艺术——当这个世界现状正处于逝去的时候。	托马斯·曼
使用时间的能力中有充分发挥个人品质的真正基本设施。	鲁兴·瑟弗
我们工作并不只是在制造产品，而是同时赋予时间以价值。	欧仁·德拉克洛瓦
你们和你们的时代比你们和你们的父亲更相像。	海因里希·勒伯莱希特·弗莱舍
来得太早与来得迟一样糟糕。这两种	赫尔曼·西蒙

情况都是对被访者的不尊重。

得到时间的时候，没有人会认为欠了什么，因为时间是唯一不能索取回报的。	塞涅卡

很多人在说"不"的时候都带有一种歉意。这种歉意缘于错误地认为别人的时间比自己的还要重要。　　迈克尔·勒·波伊夫

守时是现代的美德，即是种协调时间的机制。　　赫尔曼·吕贝

不守时的人挥霍他人的时间，好像是自己的一样。　　赫尔曼·西蒙

时间就是不让所有事情同时发生的天然途径。　　约翰·A.惠勒

当我看到有人请求再给一些时间，而被请求者又表现出乐于助人的时候，我经常感到奇怪。这如同什么也没有请求，什么也没有给予，他们在拿最有价值的事情开玩笑。但他们忽略了一个事实：时间是无形的，所以他们不重视它，甚至认为它没有任何价值。　　塞涅卡

人们如此轻易地使用时间,就好像它
一文不值。

时间摧毁一切已经做了的事情,舌头　**比利时谚语**
摧毁一切要做的。

时间还是自由?这是今天的问题。　　　**赫尔曼·西蒙**

你知道在这个世界上什么让我感到最　**弗里德里希·冯·罗高**
快乐吗?这就是时间始终在消耗自
己,世界并不是永恒的。

只有那些什么事情都不做的人才有时　**乔凡尼·瓜热什**
间,因为他们把时间留下来了,没花在
任何事情上。

一直学习的人,在生活中会得到更多　**赫尔曼·西蒙**
时间。

请腾出时间来用早餐。如果这意味着　**迈耶·弗里德曼**
要早起,那就这么做吧。

溺于烦恼,不如小睡。　　　　　　　　**中国智慧**

私人时间也要像公务时间那样在日程　**赫尔曼·西蒙**
表上进行登记,否则它就会变得很
短暂。

我可以为阅读省出时间,但却没有多　**卡尔·克劳斯**

少可读的。

若是可以把阅读需要的时间和书一起　　阿图尔·叔本华
购买该多好啊。

第一个90%要花90%的时间,最后的　　佚名
10%也要花90%的时间,这就叫作项
目的90∶90规则。

时间没有改变我们。它只是使我们进　　马克斯·弗里施
行自我发挥。

在时间里看到的只是旧人的迂腐,新　　弗兰茨·格里尔帕策
人的愚蠢。

不愿与时俱进的人,只能跟着时间走。　　赫尔穆特·科恩勒

我总是有时间。大部分事情别人做得　　迪特尔·沙特
都比我好。如果情况如此,那我就让
别人来做。我把自己限制在我能做得
比别人好的事情上。但这种事情并
不多。

沙漏不仅让我们想到时间的飞逝,而　　格奥尔格·克利斯托夫·
且还同时让我们想起将来埋葬我们的　　　里希腾贝格
沙土。

在我们年轻时,人们喜欢告诉我们,我　　阿图尔·叔本华

们该做什么。我们认为生命没有尽头，所以我们就轻率地对待时间。随着我们变得越来越老时，我们就越来越算计时间。因为在晚年的时候，我们每度过一天的感觉，就像一个罪犯一步步地被带往最高法庭的感觉。

只有通过时间，才能征服时间。 **T. S. 艾略特**

组　　织

"组织"是最伟大的词汇，未来是属于它的。 　　克里斯蒂安·摩根斯特恩·莫根斯坦

组织的存在是让平凡的人能够去做不平凡的事。 　　西奥多·列维特

未来组织的榜样就是交响乐团。 　　彼得·德鲁克

拿走我的财产——但是留下我的组织。5 年后我还会重新拥有这些财产。 　　艾尔弗莱德·斯隆

结构跟随战略。 　　艾尔佛莱德·钱德勒

帕金森的第三法则：扩张意味着复杂，复杂意味着腐朽。或者说越复杂消亡得越快。 　　C. 诺斯柯特·帕金森

今天的世界并没有比过去变得更复杂。只是有更多人用复杂的方式谈论它。 　　赫尔曼·西蒙

当今只有一个实体,其创造世界稳定 　　御手洗富士夫
的努力与它的自身利益相符。这个实
体就是全球化运作的公司。

部分公司的企业家精神在不知不觉中 　　罗莎贝丝·M. 康特
窒息了。

我们在研究中发现,简短地说,就是自 　　曼弗雷德·艾根
然界中所有的东西都被调整到最
好了。

组织(organization)应当来自"有机 　　赫尔曼·西蒙
的"(organistic)这个词。

所有的机构都是一个人长长的影子。 　　拉尔夫·瓦尔多·爱默生

在传统的组织结构中,员工只发挥出 　　汉斯·尤尔根·瓦尔内克
他们全部效率潜能的 10%~20%。

总有一种最适宜的规模,而且在规模 　　约翰·司各特·霍尔丹
上大的变化必然会带来结构上的
变化。

大企业要比小企业更少创造力,因为 　　哈拉尔德·尤根森
大企业经常试图通过雇佣一个新人而
不是通过思考去解决下一个问题。

我相信大型机构本身是消极的。他们 　　帕西·巴尼维克

造就了太多的缓慢、官僚作风、与顾客之间的距离，消磨了人们的积极性，吸纳那些以大型机构为生的人。

最后的 10% 会产生三分之一的问题。　　　　　　　　　诺曼·R. 奥古斯丁

我已经建立了我的"五人规则"：在预计的收入中，每 10 亿美元至多只能有 5 个主要职员！这很有趣，但我是认真的。只有不断变化的、分散的经营才能在不断变化的、分散的全球经济中生存。分散的一个基本因素就是主要职员的失业。　　　　　　　　　　　　　汤姆·彼得斯

理想的状况是，把好些干扰一线工作人员，妨碍他们做更加重要的工作的员工人数降至最低。　　　　　　　　　帕西·巴尼维克

彼德原理：在等级制度中，每个雇员都想升迁到丧失能力的位置。　　　　　　　　　　　劳伦斯·J. 彼得

有三种可能性可以毁灭一个公司：通过女人，这是最受欢迎的；通过比赛，这是最快的；通过电脑，这是最安全的。　　　　　　　　　　奥斯瓦尔德·德莱耶·爱姆布克

值得测量的东西几乎无法被测量。	迈耶·弗里德曼
监事会在好年头是无用的，在坏年头是无助的。	霍斯特·施密茨
大多数公司都是因为某些人的好意而变得复杂。	赫尔曼·西蒙
委员会是一个无准备者的团体，是由被那些不情愿的人任命的，以便他们去做一些不必要的事情。	弗莱德·艾伦
骆驼是被一个委员会设计出来的一匹马。	来自英国
最优秀的委员会没有成员。	诺曼·R. 奥古斯丁
会议时间的长短是以出席人数的平方值计算的。	艾琳·沙纳汉
当你不想做事的时候，会议便必不可少。	约翰·肯尼斯·加尔布雷斯
对于知识财产的管理者来说，最大的挑战是创建一个能够分享知识的组织。	《财富》杂志
生产深度是如此之浅，以至于可以一眼就可以看到底。	赫尔曼·西蒙

两个强者之间的战略联盟是少见的。	**赫尔曼·西蒙**
他们所说的"战略联盟"既不是战略也不是联盟。	**赫尔曼·西蒙**
在联盟中改变方向要难得多。	**《财富》杂志**
同盟中的伙伴不是相互拥抱而是并肩前进,这样的同盟才能维持得最久。	**麦柯尔姆·马格里奇**
每一个组织都有一个西伯利亚。	**沃伦·本尼斯**
每一个组织都有一个游戏规则。公司不是朋友圈子,而是一个商业活动。	**赫尔曼·西蒙**

5

为市场、金钱和顾客而战

为市场、金钱和顾客而战

在我上国民经济学第一个学期的课时,我曾经问一个讲师:是否可以用简单的话给我解释一下市场是如何运作的。他显出非常吃惊的样子,好像这是一个愚蠢的问题。尽管这位讲师有高度抽象的数学模式(也可能恰恰是因为这一点),但他也许真的并不知道这个被我们称为市场的罕见的社会过程究竟是如何运作的。事实上令我们惊讶的是,市场提供的香蕉、汽车或者飞机座位的数量总是差不多刚好合适。这难道是一个奇迹?是,又不是!

市场包括金钱、顾客和竞争者等因素,这就是本章所要讨论的几方面内容。这些内容非常丰富多样,我们选择的名言不仅涉及上文提到的那个愚蠢问题,而且还涉及与之相关的大量潜在和细节的问题。我们在谋求利益的时候。也就是在利用一些我们根本不认识的人时,有谁思考过这个浅显的道理吗?弗里德里希·冯·哈耶克用一种非常精彩的方式把这个问题的本质揭示给了我们:金钱是人与人之间的链条,这些人彼此从未见过,也永远不会相见;而价格是他们进行相互交换的标志。然而,正如约翰·梅纳德·凯恩斯所思考的那样,金钱也联系着现在和未来。金钱的另外一个罕见的特性是:当金钱被储蓄起来并被用于投资时就会制造出更多的金钱。难道金钱是有生命的东西吗?某种意义上的确如此,因为它的特性和价值并非存在于物质材料中,而是存在于人与人之间的互动行为的效应中。这一点在现代"电子现金"中表现得最为明显。金钱就是信息!当然,人们对于金钱的观点各不相同。奥斯卡·王尔德有几个非常独到的见解,例如欠债不还是让商人记住自己的最好方法。同样地,不同的人对于利润的看法也大不相同。利润到底是好事还是坏事？不过无论如何，我们会赞同讲一口标准的维斯特法伦方言的德国企业经济学之父艾里希·古腾贝格的观点，即谋求利润从来没有使一个公司破产过。

然而，一个公司是否赢利也由顾客决定。顾客，他是像营销书籍的理想化描述所说的那样，是一个被企业宠坏了的情人吗？他是一个用不近人情的要求使运行良好的企业陷入混乱的捣蛋鬼吗？我们有四十年的"市场营销"经验，有数不清的口头认识，可是尽管如此，我们对于这个问题的认识有过任何提高吗？至少我们的名言作者们的观察使怀疑暴露出来。难道大多数公司的员工都不知道，顾客才是真正的雇主？莱因哈特·施普林格的观察也许可以带来一丝安慰：至少还有一位长期面对顾客的雇员——百货公司的密探。

但是竞争准备对准这个问题了。竞争是落在懒惰的竞争者背上的鞭子。公司是不是应该感谢激烈的竞争呢？是的，因为只有激烈的竞争才能使你在面对全球竞争时处于不败之地。但是我们如何才能找到我们的竞争优势？并不是通过我们学习过的模仿，而只能通过原创性。问题是：每个人都明白，他做的事情必须与他的竞争对手不一样，但"不一样"的具体所指，还远远没有弄清楚。对于这样一种复杂的情况，美国的实用主义或许可以有所帮助："平凡与超凡的区别就在于一个小小的'超'字。"只需一个小小的"超"字，您就是顶尖级别了。就这么简单！

市　　场

在一切都是公有财产的地方生活是不
可能让人满意的,我觉得这句话正好
相反。如果每一个人都逃避工作,因
为他不必为每天的面包去奔波,别人
的辛勤让他变得懒惰,这样一来,我们
所需要的大量产品又该从何而来呢?

托马斯·摩鲁士

在地球上没有一种力量可媲美自由市
场力量,政府憎恨它是因为无法控制它。

沃特·瑞斯顿

现代文明的所有特征和成就就是直接
或间接的资本过程的产物。

约瑟夫·熊彼特

对利益的追求是让人们对陌生人的需
求提供服务的唯一办法。

弗里德里希·冯·哈耶克

没有破产概念的资本主义就像没有地
狱概念的基督教。

弗兰克·鲍曼

一个人的智力和道德水准越高,他发

奥伊根·冯·庞巴维克

财的成功率越低。

消灭富人并不能帮助穷人。	**亚伯拉罕·林肯**
做他人能做的事情是起不了帮助作用的。	**亚伯拉罕·林肯**
如果世上所有金钱和财富在某一天下午三点同等分配给地球上的所有人,那么在三点半人们的占有关系就会产生明显的差距。	**J. 保罗·盖迪**
市场上每天都进行着表决——在收款台。	**密尔顿·弗里德曼**
市场是个移动的靶子。	**约翰·根佛兰德**
人们在市场上互相认识。	**德国谚语**
每一个物品在市场中都转变为最好的价值。	**卡尔·弗里德里希·冯·魏茨泽克**
我在六岁的时候学过,人们必须为一个白色的稀有睡莲付出五个褐色的普通睡莲。对于市场人们不需要再了解什么了。	**赫尔曼·西蒙**
只要有阳光,就把草割下来晒干。	**津巴布韦谚语**
不能忍受寒风,就不可能在巅峰上有所收获。	**佚名**

信赖只有在被使用的时候才能用尽。	**贝尔托尔特·布莱希特**
在培育亚洲市场的失败中，底特律犯了大错。	**《财富》杂志**
在您能够分享市场之前，必须要先分享思想。	**李奥·贝纳**
市场份额是未来的利润潜力。	**卡约·诺伊科尔欣**
任何一种占领市场的方式都有自己要担忧的问题。	**曼科尔·奥尔森**
人们对服务的要求永远是贪得无厌的。	**海克·阿夫赫尔特**
优势只能在内部产生，无法从市场中买到。	**赫尔曼·西蒙**
我们不应该高估资本家的软弱。他们每年都被所得税搞垮，可他们每一年又都继续存在。	**安德烈·斯米尔诺夫**
相信自己不受任何知识分子影响的实干家通常会成为过时的经济学家的奴隶。	**约翰·梅纳德·凯恩斯**
心理上的市场领先比市场份额领先还重要。	**赫尔曼·西蒙**
市场不是世袭农庄。	**尤根·耶斯克**

金钱、价值、利润

腓尼基人发明了金钱,可是为什么发明得这么少呢? 约翰·内斯特罗伊

缺钱是万恶之源。 乔治·肖伯纳

罪恶的金钱排斥干净的金钱。 托马斯·格林欣

金钱的重要性主要在于它连接着现在与未来。 约翰·梅纳德·凯恩斯

那些认为金钱万能的人会让人怀疑他们做任何事都是为了钱。 乔治·萨维尔

去赚钱吧,你就会拥有快乐! W. L. 戈尔 & 协会

要么您得到高利息,要么您拿回您的钱。 赫尔曼·约瑟夫·阿伯斯

没有发展就没有利润,没有利润就没有发展。 约瑟夫·熊彼特

如果你很聪明,为什么你不富有呢? 《美国问题》杂志

钱生钱，生来的钱生更多的钱。	本杰明·富兰克林
赚钱的最简易方法是不赔钱。	罗伯特·海勒
节约一百万就等于赚了一百万。	诺曼·R. 奥古斯丁
如果你能真的点清你的钱，说明你不是一个真正的富翁。	保罗·盖迪
金钱会说所有的语言。	佚名
责无旁贷。	哈里·S. 杜鲁门
如果一个人很有钱，在通常情况下这表明他知道如何爱护钱。	爱德加·华生·豪
典型的现代男人将钱看成是得到更多金钱的工具。	伯特兰·罗素
金钱就像第六感觉，没有它你就不能完整地利用其他五种感觉。	威廉·萨默塞特·毛姆
无论您想得到什么东西，您必须得付钱。	普劳图斯
现金就是现金。其他的一切都只不过是流水账。	列奥·B. 赫尔策
储蓄是一件非常美妙的事情，特别是当你的父母已经为你这样做了的时候。	温斯顿·丘吉尔

我蔑视那些没有足够的脑力去填充自己胃的人。　　　　　贝尔托尔特·布莱希特

没有什么像手中频繁交换的现金那样把人和人联系起来。　　　　沃特·席科特

只有不付账才有可能使自己生活在商人们的记忆中。　　　　奥斯卡·王尔德

现金常常被用来支付账单,贷款常常被用来推迟支付。　　　　艾伦·沃特斯

当你证明你不需要钱时,银行才把钱借给你。　　　　马克·吐温

世上痛苦的一半缘自对金钱的热爱,另外一半缘自对金钱的缺少。　　美国谚语

人们拥有的金钱是通向自由的工具。　　让-雅克·卢梭

差点被抓个正着,但还是幸免于难——实际上没有什么比退还所得税那样让人满意了。　　　F. J. 莱蒙德

有史以来,还没有哪位经济学家会担心自己有了上顿没下顿。　　彼得·F. 德鲁克

真正对我们有用的东西用很少的钱就可以得到。只有那些多余的东西花费

得太多。

如果世间正直的人在一夜之间都变成了强盗，那人们也不大会发现。	卡尔海因里希·瓦格尔
得来全不费功夫的东西，我们往往并不看重；只有那些来之不易的东西才具有价值。	托马斯·潘恩
我们全不费力气就得到的东西，通常都不会重视它。	艾里希·布罗克
谁能运用他的想象力与能力去给人们的一个美元赋予尽可能多的价值，谁就会有机会去获得巨大的成功。	亨利·福特
只值一美元的东西不值得拥有。	伊丽莎白·雅顿
批评一件作品是很容易的，但赏识一件作品却很困难。	卢克·克拉皮尔·沃夫纳格侯爵
一个人并不是因为他占有的东西而变富，而是因为他知道什么是可有可无的。	伊壁鸠鲁
玩世不恭的人就是知道所有东西的价格而不知其价值的人。	奥斯卡·王尔德
价值已经被定义为控制价格的能力了。	路易斯·德比茨·布兰迪斯

如果你舍得花生米，你就能引来猴子。	**詹姆斯·戈德施密斯**
正确的评价高于人类的能力。	**康拉德·梅勒罗维茨**
价值的体现是一个长期的过程。	**查尔斯·H. 道**
价值越高就越贵。	**巴尔塔萨·格拉希安**
每件东西都有价值，那是因为购买者已经做好了付钱的准备。	**普布利乌斯**
价值是由顾客决定的。	**宝洁**
保护财富要比赚取财富更加困难。许多人能够赚取财富，却由于吝啬而无法保护它们。	**卡布斯书（*Book of Kabus*），21**
占有金钱比赚取金钱更受折磨。	**塞涅卡**
我从未见过哪个真正的大商人把赚钱当作最重要的事情。	**瓦尔特·拉滕瑙**
人们的消费习惯大多取决于他们觉得自己有多富有，而不是他们的现有的实际收入水平。	**阿瑟·C. 庇古**
在金钱事务中没有惬意的事情。	**大卫·汉泽曼**
用高价买到的东西，你从来不会完全占有它。	**汉斯·阿恩特**

企业家们只有在没有订单时才会产生烦恼，其他的时候全都是在生气。	**海因利希·雅克普**
利润就像空气对于呼吸一样必不可少，但是如果我们只一心想去获取利润的话，那就好比活着只是为了呼吸一样糟糕。	**赫尔曼·约瑟夫·阿伯斯**
没有什么像高利润一样对国家的繁荣和昌盛做出如此巨大的贡献。	**戴维·李嘉图**
谋求利润从来没有使一个公司破产过。	**艾里希·古腾贝格**
纯利润就是毛利润的一部分，它是董事会出于好心不再向股东隐瞒的那一部分。	**佚名**
他人的利润仿佛就是自己的亏损。	**威廉·布什**
如今已经没有人知足了，因为每人都拥有得太多。	**卡尔·海因利希·瓦格尔**
公司不能赢利是对员工最大的犯罪。	**萨缪尔·冈伯斯**
商人之间的问候就是抱怨。	**腓尼基谚语**
中产阶级是那些没有国家的帮助就会破产的人。	**佚名**

当获取利润时，企业就成为公益性 **海因茨·杜尔**
的了。

我总是被总统对年度报告的过度乐观 **菲利普·卡雷特**
的来信搞得厌烦，对我来说，如果他的
信中有一点的悲观才是件好事。

你需要做的一切就是回顾一年前公开 **杰拉尔德·M. 勒布**
制定的收入预测，从而知道你要对正
在制定的明年的预测给予多大的
关注。

我不想和其他人一样先是用健康去追 **格哈德·库伯切克**
逐金钱，以后又用金钱去追逐健康。

论述金钱要比赚取金钱更容易。 **伏尔泰**

如果你无法承受股票的价格跌至一 **沃伦·巴菲特**
半，就不要去购买它。

顾　　客

商业的成果就是一个满意的顾客。　　**彼得·F. 德鲁克**

人们总会有两位顾客，一位是真正的　　**鲁道夫·米勒**
顾客，另一位就是同事。

顾客永远是对的。　　**哥顿·塞费治**

顾客：他是我们企业最重要的人，无　　**佚名**
论他本人前来还是写信或打电话。不
是他依赖我们，而是我们依赖于他。
他并不干扰工作，而是在改变工作的
意义与目的。他是带给我们他自己愿
望的人。我们的任务就是为他和为我
们，实现他的愿望，带来利润。他不是
冰冷的统计学，而是带有偏见与错误
的有血有肉的人。与他在一起人们不
会发生争吵，也不会去估量他的智商。
没有人能在与顾客的争吵中获胜。他

不是旁观者,而是我们商业活动中活生生的一部分。我们为他服务并不是在帮他的忙,而是他在帮我们的忙,如果他给我们机会为他服务的话。

音乐总是在顾客的阵地上奏响。　　　　隆恩·索默尔

让你的顾客快乐起来!　　　　佚名

任何一个顾客都可以拥有一辆他想要的颜色的汽车,只要车是黑色的。　　　　亨利·福特

没有什么事是有价值的,除非它打动了顾客。　　　　爱德加·伍拉德

重要的是要成为最佳顾客的供货商。谁是最佳顾客? 就是从来不满意的人,老是提出的要求比我们提供的更多的人,是永远制造麻烦的人。　　　　赫尔曼·西蒙

没有人能够使不买东西的人改变行为。　　　　佚名

如果人们不愿来,谁也无法劝他们来。　　　　索尔·胡罗克

只有一个领导,这就是顾客! 它可以让公司里从董事会往下的每个人睡在大街上——很简单,他只需要把他的　　　　萨姆·沃尔顿

钱支付给其他人即可。

顾客的话总是最重要的话。　　　　　　　安东·福格尔

顾客购买的从来不是简单的一件产　　　彼得·德鲁克
品,他购买的永远只是产品提供的
服务。

绩效如果得不到顾客的奖励就不能称　　尤根·福克斯
为绩效。

最佳的客户服务就是不需要提供的　　　沃尔夫·吕迪格·施特
服务。　　　　　　　　　　　　　　　　鲁克

我们的老板是我们的客户,而不是企　　佚名
业主,因为只有从客户那里才能挣
到钱。

技术提供的可能性越多,对简便的追　　赫尔曼·西蒙
求也就越重要。顾客重视一份好的使
用说明书,但是对他们来说若是根本
不需要就更好了。

如果我们不关心顾客,别人会去做的。　　一家美国公司的宣传画

对顾客而言,远程互动交流意味着永　　富士施乐公司
远不要看到机器坏掉。

关机器时地毯上的一块污迹对顾客来　　杨·卡尔森

说就是我们对设备的维护不够。

以前是很多专家围着一位顾客转，现在是由一位唯一的顾问负责与客户联系。

安联保险公司

唯一的长期面对顾客的员工，目前为止我所见到的，是商店的密探。

莱因哈特·K. 斯本格尔

我的管理人员必须每月至少见一位有血有肉的顾客。

莱因霍尔德·维尔特

接近顾客不是距离的问题。

布克哈特

简便的操作比详细的说明更重要。

《市场经济》

如今被忽视的最重要的管理原则就是不去接近顾客，不去满足他们的需求，不去实现他们的愿望。对太多的企业来说顾客成了捣乱者：其固执的行为使他们缜密的战略计划成为泡影，其行动让他们的电子数据处理变得混乱不堪，此外他们还坚持要让自己所购买的产品必须发挥作用。

列弗·杨

如果能够耐心地倾听，客户就会向你阐述最本质的东西。

彼特·舒茨

要想接近顾客,首先要与自己产生距离。 赫尔曼·西蒙

在与我们的客户长期打交道的过程中我学到了一点:取得成绩的最重要因素是与其建立一种私人的信任关系,倾听顾客的意见,遵守诺言,专心致志及履行职责,甚至超出职责做更多的事。 格哈德·诺伊曼

经常到我自己的店里去走走,常常拜访顾客,这是我的哲学的一部分。 格哈德·诺伊曼

我曾经在超过 16 年的时间里必须每星期都抽出数天去走访军用或民用客户。所有人都必须受到老板的亲自拜访,否则顾客就会觉得被忽视了。 格哈德·诺伊曼

顾客总是捣乱者,因此人们必须与被破坏了的和平共存。 赫尔曼·西蒙

当两个供货商吵架时,顾客会很高兴。 赫尔曼·西蒙

接近顾客就是让顾客返回,而不是产品。 赫尔曼·西蒙

摩托罗拉让工程师与学龄儿童对话, 威廉·维根金霍恩

我们从中学到了很多东西。

百闻不如一见。	**日本谚语**

商店的电话响起时，店员会花 5 分钟
向来电者解释，而所有花费工夫来店
里的顾客站在那儿等着。

安德鲁·A. 鲁尼

我们的原则之一就是不要让他们的信
任失望。

戴姆勒-克莱斯勒公司

可以肯定的是，顾客永远不会缺少问
题。只有完全站在顾客的立场上并帮
助他解决难题才能理解这些问题。因
此担心饱和是完全没有理由的。

艾米尔·昆

办公桌是观察世界的危险地方。

约翰·勒卡雷

宁愿失去金钱也不要失去信任。

罗伯特·博世

大火、风暴和地震可能会摧毁我的厂
房、设备及货物——但是我不会失去
很多，如果我仍然能够拥有顾客的信
任的话。

约翰·沃纳梅克

当交易完成时，制造商并没有完成他
与顾客的交往，那仅仅是开始。比如
在汽车销售中，售出汽车就只是某种

亨利·福特

开始。

留住老顾客,这比增加新顾客花费少　　列奥·B. 赫尔策
几倍。

还没有一个人在和顾客的争吵中获　　卡尔-海因茨 · 塞巴斯
胜过。　　　　　　　　　　　　　　　蒂安

如果你不能使你的员工快乐,他就不　　雷德·洛布斯特
会让你的顾客快乐。

您的顾客迟早会把你带上路。要么早　　米歇埃尔·雷克
些,就是成功之路;要么晚些,那就是
破产之路。

竞　　争

不要去竞争！要创新！看看其他人在做什么，千万不要再去重复他们所做的。	**乔尔·韦尔顿**
平凡与超凡的区别就在于小小的"超"字。	**美国名言**
竞争使商业富有生气。	**德国谚语**
竞争是区分懒惰者与勤劳者的方法。	**赫尔曼·西蒙**
请您注意，您将会遇到激烈的竞争，只有这样您才能以良好的状态面对世界市场。	**赫尔曼·西蒙**
只有激烈的竞争才产生高效率。梅赛德斯应该为宝马与奥迪的存在而感到高兴。	**赫尔曼·西蒙**
为了做到独一无二就必须总是与众	**可可·香奈尔**

不同。

用你的整个心灵去工作,你就会成功,无可匹敌。	艾尔伯特·哈伯德
只有两个级别,优质与不合格。	托马斯·塞尔茨尼克
谁如果占有了领先地位,就会促使对手行动起来。竞争的确是进步的秘密之一。	卡尔·海因里希·鲍尔
在商业中,如果你一直向前奔跑,竞争就会蜇你;如果你停下来,它就会把你吞噬掉。	威廉·克努特森
竞争不是支持你就是反对你。	瓦尔特·P.冯·瓦特伯
激烈竞争的麻烦在于,即使获胜了也仍旧是老鼠。("激烈竞争"在英语中字面意思为"老鼠的比赛"。——译注)	莉籍·汤姆林
如果知道人们想要做什么,竞争就变得困难了。	赫尔曼·西蒙
弱者中的强者就是不忘记自己弱点的那个。	瑞典谚语
告诉顾客你有多好,别说你的竞争对手	列奥·B.赫尔策

有多差。攻击别人没有长久的好处。

一个行业如同一个村庄，无密可保。　　　　　**赫尔曼·西蒙**

同行很少聚会。即使为了娱乐消遣聚　　　　　**亚当·斯密**
在一起，他们的交谈多以想办法对付
顾客或提高价格而结束。

战略竞争的优势是必须重视顾客，被　　　　　**赫尔曼·西蒙**
顾客所看到并持续下去。

高大没有固定的标准，只有比较才能　　　　　**塞涅卡**
显出高低，超出你周围的人，你便是
高大。

竞争优势来自发现和采用与那些竞争　　　　　**迈克尔·E. 波特**
对手不同的、独一无二的竞争方法，并
持之以恒。

竞争的优势很难理解，除非成本与价　　　　　**迈克尔·E. 波特**
格问题被清楚地分开。

要做得最好主要依赖于工人、设计师　　　　　**罗伯特·索罗**
和工程师的技能，所以通过教育就可
以获得相对优势。

小个子出大成绩胜于大个子出小成绩。　　　　　**苹果公司的广告语**

夺取自己的市场份额要好于将其留给　　　　　**佚名**

竞争者。

我的主要目的是发展一些给予我竞争优势的东西。	**佚名**
他们可以复制我的外型，也可以模仿我，但他们不能读懂我的思想，我将把他们甩在 1.5 英里之后。	**雷·A. 科罗克**
要在竞争对手帮忙之前将自己的产品从市场上撤走。	**莱因诺尔德·M. 弗利斯**
战略联盟就是在不改变目标的情况下用其他方法继续竞争。	**赫尔曼·西蒙**
一个企业家最愚蠢的错误就是低估他的竞争对手。	**佚名**
只有市场领先者才能得到最高利润率。	**罗尔夫·贝尔特**
通过模仿不会成为市场领先者。	**赫尔曼·西蒙**
在小市场中做大要比在大市场中做小好。	**赫尔曼·西蒙**
甚至每一个市场的领先者都有结构上的弱点。对它们进行攻击，他就很难反击。	**赫尔曼·西蒙**

以变应变。	**应变法则**
索尼不会去跟随别人。我们领先,别人跟随。	**索尼公司座右铭**
谁要给自己提出一项高难度的任务,就不要害怕会遇到很多竞争。	**美国谚语**
踩着他人足迹前进是不会超越任何人的。	**佚名**
千万不要去跟随别人!	**佚名**
两位智者不会走同一条道路。	**来自非洲**
模仿是阿谀奉承最诚实的形式。	**查尔斯·卡雷伯·考尔顿**
两条岔路通往树林,我选择了人迹罕至的路,真是另一番天地。	**罗伯特·弗罗斯特**
人们应该去做与竞争对手相反的事情,然而问题是许多人不知道相反的事情是什么。	**赫尔曼·西蒙**
我观察化妆品工业的发展方向,然后就朝相反的方向走。	**安妮特·罗迪克**
战胜竞争对手最巧妙的方法是钦佩他的过人之处。	**彼特·阿尔腾贝格**

行动多半是由正在进行的竞争所导引，而不是由对我们应该做什么进行分析得出的结果所引导。	罗贝托·C.戈伊苏埃塔
抱怨竞争的激烈实际上是在抱怨自己缺乏灵感。	瓦尔特·拉滕瑙
如果你陷入一种恶性循环，是从竞争中而不从自身去寻找解决办法，那你的精力只能用于模仿已有过的解决方法，因此也就只能是第二个胜利者。	汉斯-尤尔·瓦尔内克
人们不应该去复制竞争者，而应该去理解他们。	佚名
模仿在任何时候，我觉得，都是一件非常有用的事情。	格奥尔格·克利斯托夫·里希腾贝格
赝品区别于真迹的地方就是赝品看起来比真迹更加真实。	恩斯特·布罗赫
没有人会因模仿而变得优秀。	萨缪尔·约翰逊
我们并不简单，所以我们是不可模仿的。	乌厄利·普拉格
失去了生产基础，就失去了竞争力。	海因里希·冯·皮耶尔
勇于敢则杀，勇于不敢则活。	老子

一个好的想法就如同清晨的公鸡，其他公鸡将随之鸣叫。	卡尔·海因里希·瓦格尔
与其生产自己的糟糕产品，不如认真地去模仿别人。	沃尔夫冈·蒙贝格
一个大型企业，兴隆、强大，但也总是面临生存危机，因而要永不休止地为生存而奋斗。	瓦尔特·拉滕瑙
在困境中最能生存下来的并不是最强者。	戴恩·E. 斯莫利
过去我们是别人眼中的问号，现在我们成为大家心目中的榜样。	乔治·布斯特
有两个超越他人的方法，一是自己努力向前，一是把他人向后拉。	伯特兰·罗素
公司内部的竞争比公司间的竞争还要多，而且更缺乏道德。	鲁塞尔·L. 阿克夫
我们不是以其他的东西，而是以自己的错误参与竞争。	美国谚语
狗多了，兔子必死无疑。	谚语
我们将会得胜，而西方将会失败。你们在西方并没有太多可以做的事情，	松下幸之助

因为你们失败的原因是在你们自己身上。你们的公司建立在泰勒模式之上，你们全部的思想都是泰勒式的。在你们那里老板进行思考，员工只负责执行。你们相信这是最好的领导方法。我们早就远离泰勒模式了。今天的竞争已变得复杂，艰难，充满风险，要取得长久的成绩就要动员所有员工的智慧。

与我们学习日本人相比，日本人向我们学习的时间更长，研究得更深入。	**爱德文·L. 阿尔茨特**
许多日本人的技能比普通西方人直接看到的要多得多。	**克里斯托夫·罗伦兹**
人们如果没有调查清楚自己的市场份额，就没有必要害怕日本人。	**阿尔伯特·布鲁姆**
德国的经理人只懂进攻。对于有秩序的撤退他们却一无所知。	**卡尔·齐默尔**
没有激烈的竞争对手就不会达到世界水平。	**赫尔曼·西蒙**
创造相对优势过程的一部分就是一个	**罗伯特·索罗**

国家的公司迅速学习国外公司的
能力。

未来公司拥有的唯一竞争优势就是其
管理者的学习能力快于他们的竞争
对手。

        阿里德·格斯

如果一个公司由两个人领导,那么竞
争者会高兴。

        赫尔曼·西蒙

对手越强越好。只有最好的对手才会
让你发现自己的弱点。

        恩斯特·哈柏

非模仿者吸引大多数模仿者。

        玛丽·冯艾伯纳‐艾欣
        巴赫

正巧去做相反的事也是模仿,是对相
反的模仿。

        格奥尔格·克利斯托夫·
        里希腾贝格

6

营销的梦想

营销的梦想

60 年代末我开始上大学的时候,营销在德国还只是一个鲜为人知的概念。直到 1968 年,明斯特大学的赫里贝特·迈弗特教授才首次开设了一门营销课程,从这个意义上说,营销是 1968 年革命的产物。我当时对这个词没有任何具体的概念,更是做梦都没想过有朝一日自己也能开设营销课。尽管如此,这个词听起来还是很不错的。

直到今天,营销仍然是一个热门的概念。在营销作为"以市场为导向的企业管理"这个意义上,其主要代表人物提出了各种各样广泛的要求,其中就包括彼得·德鲁克和惠普公司的创建人之一大卫·帕卡德,后者认为营销太重要了,以至于不能将其完全交给营销部门独自负责。另一些人则认为营销就是一部巨大的宣传机器,即做一些夸大其词,暗地诱导消费者或是挂羊头卖狗肉的事情。有趣的是,现实中的营销可能的确具备上述所有特点,甚至还有很多其他的可能性。营销的梦想无限宽广,但是并不总能达到"营销家们"所期望的目标。

营销的手段也是丰富多样的。我们从我们的名言中看到许多令人吃惊的事实。高质量产品的成本其实并不高,相反地,生产劣质产品却要付出更多的花费。并不是优质的,而是糟糕的服务会始终留在人们的记忆里。价格这种营销手段同样也会让我们惊讶。价格与价值绝对不是一回事。难道经济学搞错了吗? 奥斯卡·王尔德就是利用了这两者之间的差别来判定玩世不恭的人的实质到底是什么。没有人能比伊曼努尔·康德和路德维希·伯尔纳对价格与价值的差别研究得更深。一句法国的谚语说到了点子上:人们会忘记价格,但却不会忘记质量。对于这个简单而又深刻的真理,谁没有切身的体会呢?价格高低是临时和短暂的,而价值与质量则是长期的。因此合乎逻辑的是,人们宁愿在价格上而不是在货物上被欺骗,这是巴尔塔萨·格拉希安的一句断言。

但是今天,在树立形象和品牌的过程中,质量是一个最重要的、决定性的方面吗?人人都知道,市场上的成功越来越取决于形象和品牌。古希腊哲学家爱比克泰德就曾经说过,令我们不安的并不是事物本身,而是人们对事物的评价。但是有谁考虑到这一结构在很大程度上不对称的呢?树立一个良好的形象需要数年时间,而要毁掉它却易如反掌。真正说了算的是人们的感觉,而不是事实!感觉首先受广告影响,而广告统治了媒体。有人甚至断言说:从一个民族的广告中就能看出这个民族的理想。当然也有对广告持怀疑态度的人,他们说,当广告与事实不符的时候,该改善的是商品,而不是广告。另一个人说得更明白:不是广告使品牌永葆青春,而是不断创新的产品。我倾向于肯定这位怀疑论者。关于营销的真正实质就说到这里。对外形象树立得再好,关键还是要给顾客提供真正的利益。就像弗里德里希·冯·席勒教导我们的那样,真正统治世界的是利益。一旦给顾客提供了利益,营销也就达到了其梦想的目标,由此也就统治了整个世界。

营　　销

从最终的结果和顾客的角度来看,交易就是一切。	**彼得·F. 德鲁克**
营销太重要了,以至于不能将其全交给营销部门独自负责。	**戴维·帕卡德**
你不能让人们对你感到不胜其烦而买你的产品。	**戴维·W. 奥格威**
营销是通过个体及群体来满足你的需求与愿望的过程,是制造产品或其他有价值的物品并相互交换。	**菲利普·科特勒**
营销的本质就是真正知道自己在做何种生意。	**马克·麦考梅克**
营销是我们的第一要务。除非一个营销运动达到 3 个目的:增长业务、制造新闻和提升形象,否则就不值得去做。	**詹姆斯·哈维·罗宾逊 三世**

世界只能由利益来统治。 **弗里德里希·冯·席勒**

营销就是挂羊头卖狗肉。 **佚名**

营销说起来容易做起来难。 **赫尔曼·西蒙**

一旦你感到飘飘然的时候，你就开始 **沃伦·本尼斯**
对市场发号施令，而不是倾听顾客的
声音。

人们不可能对并不存在的事物做市场 **彼得·F. 德鲁克**
调研。

菲力普拥有伟大创新者的名声，但这 **《华尔街日报》**
在市场营销中毫无用处。

营销是让顾客乐意接受产品及销售人 **列奥·B. 赫尔策**
员，而销售只是进行买卖。

我们的工程师发明出了最棒的东西，但 **海因茨·杜尔**
是他们却不能将其交给市场，因为我们
是在"做产品"，而不是"做市场"。

在营销中因特网并非一切，但没有因 **赫尔曼·西蒙**
特网一切都一文不值。

营销是老板的事情！ **赫尔穆特·毛赫**

质量和服务

十全十美是罕见的。	**西塞罗**
最好的就是尽善尽美。	**弗里德里希·威廉四世**
当冰激凌只有香草、巧克力和草莓 3 种口味时就刚好。	**安德鲁·A. 鲁尼**
只有当人们把最小的细节都掌握了，才能精确地工作。	**尼基·劳达**
质量也是有人性的。	**提奥多·豪斯**
宁可失去金钱也不要失去信任！我无法忍受这样一个想法，就是当人们检验我的一件产品时，证明我生产的是一件不合格产品。	**罗伯特·博世**
当我的一辆汽车出现故障时，我知道我会受到指责。	**亨利·福特**
制造业最可靠的基础是质量。有了质	**安德鲁·卡耐基**

量后,远远在它之后才是成本。

质量是生产商的礼貌。	**罗塔尔·施密特**
质量就是创新加上手工。	**卡尔·伯恩**
影响日常生活的质量,这才是最高的艺术。	**亨利·戴维·梭罗**
每个企业的演进都背离了质量。它们的产品总是变得更小,质量更差,而价格却更高。	**安德鲁·鲁尼**
质量总是专心与真正的努力、明智的方向及娴熟实施的结果。	**威拉·A. 福斯特**
质量的前提是:一个完善的、从生产的观点看是理想的设计、现代化的生产设备、受过良好培训及非常敬业的员工集体。	**伊安·吉布森**
质量其实是一种持续降低成本的最有效途径。谁生产了质量,谁就能长期以较低的总成本生存。	**伊安·吉布森**
质量从来都不是偶然的,它通常是付出智慧的结果。	**约翰·拉斯金**
给他们质量。这就是最好的广告。	**密尔顿·S. 赫尔希**

只要我能创作出能使公司生产更好产品的东西，我就不能不更多地关心它是否处于科技的前沿。 **海瑞·贝克斯**

质量只和那些能与之相匹敌的人在一起——而吓走其他的人。 **胡贝尔特·马柯**

我在中国的时候，我让中国的维修人员共同搭乘维修后的第一次飞行。工作的可靠性与质量因此而有了显著的提高。 **格哈德·诺依曼**

量是可以计算的，但是只有质才说了算。 **罗塔尔·施密特**

每个过程都是可改善的。 **海因里希·冯·皮耶尔**

高质量的成本往往很低。 **赫尔曼·西蒙**

质量，像生产力一样，只能由人来提高。 **瓦尔特·P. 冯瓦特伯格**

一个产品的质量并不限于没有瑕疵。产品只是客户-供货商关系的物质背景。将来所有这一关系的观点都必须考虑到一个宽泛的质量概念。 **汉斯-约尔根·瓦耐克**

商业的唯一目的是服务。 **李奥·贝纳**

服务是我们为获得在地球上的生存权而支付的租金。 **N. 艾尔顿·唐纳**

除了好服务之外,顾客记得更多的,就
是糟糕的服务了。

美国警句

技术正在变成商品,胜负的区别来自
如何提供技术。服务会体现出这种
差别。

大卫·科克帕特里克

与现代化电话机的使用手册相比,日
本文字简单得就像小菜一碟。

赫尔曼·西蒙

顾客从4家银行的出纳员手里得到的
账单是同样的,不同的只是出纳员。

斯坦利·马库斯

信赖比质量更重要。

安德里亚斯·孟根

德国汽车工业安装费用超过10%都用
在了消除失误上。

汉斯-约尔根·瓦尔内克

复杂的技术必须要与简便的操作相结
合,而不是相反。

赫尔曼·西蒙

当供货商生产的不合格零部件少于百
万分之二十五时,就做得十分完美了。

埃迪·盖森

我们销售的所有商品都有100%的退
货保证。我们不希望你拥有 L. L.
Bean 商店售出的任何一件你并不完
全满意的商品。

美国邮购商店 L. L. Bean
 的保证声明

我把我的客户服务中心的工作人员视作获得产品对消费产生何种影响的最好的信息来源。为了让我的代表们不会因为家里的经理人员搬弄是非而惧怕他们，我独立设置我的客户服务中心，并直接对我负责。 **格哈德·诺伊曼**

和蔼可亲能助你一臂之力，它花费不多，却让你获益良多。 **赫尔曼·西蒙**

德国企业的生产制造能力已经超过平均水平，远东供货商的优点与我们的弱点都在于服务的能力。 **汉斯-欧拉夫·亨克尔**

我们真是一个奇怪的民族，我们与机器打交道时笑容满面，但与人打交道时面无表情。 **罗曼·赫尔佐克**

在德国，如果你和蔼可亲，那你就有了类似与成本合理化一样高的发展潜力。 **赫尔曼·西蒙**

第一辆汽车是由制造商卖出的，其他的是由车间卖出的。 **汽车法则**

不够好，就不够棒。 **马蒂亚斯·克劳迪乌斯**

价格与成本

在市场中，价格至关重要。 《金融时报》

经济学的第一法则是物价上涨则消费下降，这是一条神圣的法则，你无法改变它。

沙特阿默德·萨基·亚曼尼

当经济不景气时，价格对顾客来说就成了最关键的因素了。 韦尔纳·韦伯

世上没有能以较低价格出售而又没有任何缺点的东西，所以那些一味追求低价格的人将会为此而付出相应的代价。

约翰·鲁斯金

工资追逐价格，价格追逐工资，二者都在追逐其走过的历史。

克莱德·弗兰斯沃斯

支付太多是不明智的，但支付太少比这更严重。如果你支付得太多，你失去的是一些金钱；如果你支付得太少，

约翰·拉斯金

有时你会失去一切，因为你购买的商品也许根本不具备你期望它具备的功能。

我太穷了，所以不能买便宜货。 **德国谚语**

价格是可以被忘记的，但是质量却是永存的。 **法国谚语**

经济法则不允许以少量的金钱换取大量的价值。如果购买了最便宜的商品，您就必须要考虑到同时会接受风险。如果你这样做了，你就会有足够的金钱去支付更好的商品了。 **约翰·拉斯金**

合理的石油价格是你能够多得到10%。 **阿里·阿迈德·阿提加**

一项井然有序的工作会花去你的金钱。价格很快就会被忘记。 **赫尔曼·克罗恩瑟德**

在价格上受骗要好过在商品上受骗。 **巴尔塔萨·格拉希安**

那些我用便宜价格买来的东西经常让我生气；与此相反，我却很少抱怨用高价买来的商品。 **赫尔曼·西蒙**

仔细观察会提高对价格的注意力。 **威廉·布什**

在支付之前，没有人能事先预测价格。 **斯滕·纳多尔尼**

具有价格的物品,可以用其他等量值代替;与此相比,超越所有价格的东西,都有它的尊严。	伊曼努尔·康德
什么是玩世不恭的人？就是只知一切事物的价格而对其价值却一无所知的人。	奥斯卡·王尔德
价格表示价值。到处都是如此。	赫尔曼·西蒙
若想价格贵一倍,功能就得好两倍。	赫尔曼·西蒙
一件比其他产品好 20% 的产品,其价格应该只能贵 10%。	赫尔曼·西蒙
宝石的托座只能提高宝石的价格,而不是价值。	路德维希·伯尔纳
如果你想生气的话,就去预付款吧。	黑山谚语
记得昨天烤牛肉的价格没有用处。	本·约翰逊
不要老盯着分币,忘了钞票。	乔治·杜克梅建
当我看见广告上的低价时,我就决定马上去购买。	保罗·拉策斯费尔德关于售鞋研究中一消费者语
诱人的价格可以带来好处,没有吸引力的价格只能搬起石头砸自己的脚。	喀什米尔·玛格亚

买二赠一。	一家美国百货公司内的招牌
如果你重视每分钱,那么降价对你就是有益的。	德国 VIAG 电信
只要便宜 2 分钱就能获得顾客对品牌的忠诚度。	佚名
任何一个傻子都会以降低 10% 的价格而提高竞争力。	伯西·巴尼维克
价格是很容易下调的,如果先有了足够的需求量的话。	英国谚语
每个人都有他的价格。	罗伯特·沃尔浦尔
价格竞争不适合美丽的心灵。	格哈德·阿克曼
价格将恢复到更加有序的状态。	《财富》杂志
参照已有的价格定价相对容易。	约翰·肯尼斯·加尔布雷斯
廉价通常是最昂贵的。	赫尔曼·西蒙
天气可以好转。价格却不行。	德国 Sixt 汽车租赁公司
人们经常算计自己吃的食用油的每一分钱,而对他们汽车用的机油,却去购	佚名

买最贵的产品。

如果你的定价和日本人一样,日本人就无法获胜。	**亨利·B. 沙赫特**
你的定价方案应该包括预期的利润,就像它包括销售成本和日常开支一样。	**列奥·B. 赫尔策**
如果定价错误的话,会白花很多钱。	**赫尔曼·西蒙**
定价是最重要的职能之一。	**丹·尼默尔**
营销人员的最大弱点是制定合理的定价程序。	**布莱恩·S. 莫斯卡**
对许多公司而言,定价仍然是个黑匣子,被误解,疏于管理,乃至实际上被忽略。	**罗伯特·A. 加尔达**
定价的优势存在于深刻的理解与较好的信息中。	**赫尔曼·西蒙**
实际上,定价就意味着面对无知、不确定、组织约束和时间压力而要做出的决定。	**艾尔弗莱德·R. 奥克森菲尔德**
由于当今的定价环境给更快、更好、更频繁的定价决策施加了越来越大的压	**肯特·B. 门罗**

力，所以对正确定价决策的需要变得
更加重要。

在定价时一定要像考虑到顾客与成本那样考虑到竞争。	**赫尔曼·西蒙**
每个市场上都有两个笨蛋。一个价格太高，另一个价格则太低。	**俄罗斯谚语**
要么销售高定价产品，要么销售低定价产品，中等价位的商品没有空间。	**列奥·B. 赫尔策**
定价的核心在于差异。	**赫尔曼·西蒙**
太晚考虑成本就会扼杀生产力，过早则会扼杀创造力。	**菲利普·罗森塔尔**
实行欧洲统一货币是愚蠢的，它忽视了欧洲的多样性。	**赫尔曼·西蒙**
降低成本而不提高质量是没用的。	**爱德华兹·戴明**
如果打算在最便宜的地方制造产品，就必须每五年换一个地方。	**汉斯-约尔根·瓦尔内克**
生产劣质产品将会付出许多金钱。	**诺曼·R. 奥古斯丁**
注重成本，利润就会自己增长。	**安德鲁·卡耐基**
营业额下降会提高总成本，营业额增	**诺曼·R. 奥古斯丁**

加也是如此。

政府都是"固定成本无产者"。　　　　　　　**罗伯特·格乌尔森**

就像生命只有一次，人们支付所有的　　　　**弗里德里希·尼采**
东西都太贵了。——我好像就是这
样的。

定价就是猜谜。人们通常假设营销人　　　　**戴维·奥格威**
员利用科学方法决定其产品的价格，
其实并非如此。在几乎所有情况下定
价决策过程都是一种猜测。

商标、广告、销售与形象

你只有一次机会给人好的第一印象。   **列奥·B. 赫尔策**

一个好的名声在瞬间就可以失去;而   **耶雷米阿斯·戈特赫尔夫**
坏的名声则经年不忘。

商标名称对所有人都是有责任的。   **赫尔曼·西蒙**

商标与专利的区别在于商标是永   **赫尔曼·西蒙**
存的。

明星与星星一样相距遥远。当它坠落   **沃尔夫冈·费比西**
时,便会很近了。

在各种商业中,交流创意的好处是最   **日尔曼娜·德·施塔尔**
值得肯定的。

你说什么不重要,重要的是他们听到   **佚名**
了什么。

并非事情本身,而是对它的评价让人   **爱比克泰德**
们惶恐不安。

一个民族的理想可以通过其广告展现
出来。

G. 诺曼·道格拉斯

是事实让我们感到惊异。

伊丽莎白·诺勒-诺依曼

如果你保持沉默的话,早就成为哲学
家了。

意大利谚语

自己造的风无法使风帆扬起。

卡尔·海因里希·瓦格尔

我们的感觉是不可靠的,它取决于身
体状况。

德谟克里特

事实并不重要! 而正是人们对事实的
认识决定了事件的进程。

R. 厄尔哈德迪

故有之以为利,无之以为用。

老子

搭车者要想上车,目光的交流比没能
搭乘者多两倍以上。

罗杰·彼德斯

媒体就是信息。

赫伯特·马歇尔·麦克
　卢汉

当广告不起作用时,就必须更换商品。

爱德加·法尔

要说服别人,不能只相信正确的观点,
还要有正确的言辞,声音的感染力比
感觉更大。

约瑟夫·康拉德

要想引起注意，就必须去挑衅。	**萨尔瓦多·达利**
诚实很大程度上是一种信息，即知道不诚实是错误的。	**爱德加·毕生·豪**
简洁可以事半功倍。	**巴尔塔萨·格拉布安**
广告就是吸引眼球、对准钱包的一门艺术。	**温斯·欧克雷·帕卡德**
广告的原则是：不断改善自己，不断为人们渴望的东西而奋斗。	**瓦尔特·本雅明**
广告铁的法则：人们喜欢简单与集中。	**雅克·塞盖拉**
千万不要忘记广告属于营销范畴，而并非单独的部门。	**列奥·B.赫尔策**
如果能负担得起广告，就不需要广告了。	**诺曼·R.奥古斯丁**
免费旅行到迪斯尼乐园。司机需要从纽约开来新车。（三份信件）免费开车从纽约到迪斯尼乐园，开来了新的装有空调的凯迪拉克。（两份信件）	**两则广告**
一棵挂满了装饰物的圣诞树很难从外表看出，装饰它是多么困难。	**赫尔曼·西蒙**

并非广告使市场变得年轻,而是新产品。	**让-诺艾尔·卡普菲勒**
没有永远成功的事情。	**李奥·贝纳**
为了省钱而停止做广告,就如同让钟表停止而节省时间。	**亨利·福特**
不是从购买中学习,而是从销售中学习。	**中国智慧**
尝试会引发购买的兴趣。	**欧里比德斯**
如果人们不能销售其创意,那么创造力也就没有用了。	**戴维·M. 奥格威**
推销人员就是卖东西的人。	**IBM 口号**
向人们销售他们想要的东西要比说服他们购买您拥有的东西容易得多。	**马克·麦考梅克**
消费品的销售不再是以传统意义上的销售员为主了,而是以生产商营销战略的执行者为主。	**赫尔曼·西蒙**
一个顶级的销售人员应该是这样一个人:要让他的妻子清楚,把她漂亮的身材掩藏在貂皮大衣下是一种羞耻。	**佚名**

销售人员不必讲多种语言,他只需讲我的语言。	**一家欧洲商业公司的采购员语**
努力工作,保持沉默,让顾客说服自己给你订单。沉默是一种非常有力的销售武器。	**菲利普·库兴**
销售部并不是整个公司,但整个公司应该是一个销售部。	**彼特·耶森**
鱼不会说话,因此女售货员才要能说会道。	**弗里德里希·海因里希·雅各比**
没有销售的乐趣毫无意义,但没有乐趣的销售令人厌烦。	**李奥·贝纳**
大多数旅店都在推销它们根本没有的东西:安静。	**库尔特·图霍尔斯基**
中间商并不是制造商建立的连锁上的一个被雇佣的环节,而是为其采购商品的一个大客户群的焦点。当他成长并建立起自己的下家时,他可能发现自己在市场中的声望要大于所售商品的供货商。	**菲利普·麦克维**
贸易并不是生产商延长的手臂,而是	**赫尔曼·西蒙**

顾客延长的手臂。

人们可以推销所有流行的东西。问题　　　　**恩内斯特·迪希特**
是让什么流行起来。

在我和售货员之间只有两个人。其余　　　　**约翰·奥培**
都被信息技术所取代。

人在网中会烦躁不安,在因特网中也　　　　**赫尔曼·西蒙**
同样如此。

未来的地址是.com。　　　　　　　　　　**赫尔曼·西蒙**

7

昨日的影子

昨日的影子

正如未来已经将它的影子投在我们当前的行动上一样,我们也生活在过去的影响之中。人类的行为总是历史的一个承前启后的部分。这一点尤其适用于管理方面的决策,甚至也适用于那些表面上看似乎没有历史的创新活动。80 年代中期,通用汽车公司曾派出一支年轻的团队去设计一款全新的汽车,并用全新的方法生产和销售这种汽车。承担这项任务的年轻的经理们从底特律迁往田纳西,开始了"土星计划"中的"驶进绿色田野"部分。十几年后人们可以放心地说,土星或多或少还是一款普通的汽车。因为尽管这些年轻的经理们极富创新意识,汽车历史上的经验也还是始终在伴随着他们的创新之路。从来没有一个远走高飞试图重新开始的人能够真正地将自己的过去抛在身后。过去伴随着我们每一个人。考察过去并从过去中学习,这可以带给我们很多极具价值的认识。乔治·桑塔亚纳说:"谁如果不愿意从过去中学习,谁就会重蹈覆辙。"彼得·德鲁克的思想大厦就完全建立在与历史的比较之上。他用历史教导我们,以此在我们眼前竖起一面镜子,为我们打开崭新的视角,从而也帮助我们更好地理解未来。索伦·克尔恺郭尔说:"生活只有回顾才能理解,但只有前瞻才能生存。"正是由于对历史有着深刻广泛的认识,彼德·德鲁克才成为未来的先驱思想家。

经验同样也有其不利的一面。"生活就是时间转化为经验",哲学家卡雷伯·加特诺如是说。我们都是被自己的历史束缚起来的俘虏,这种束缚的程度比我们想象的还要严重。经验知识无法摆脱情感和情绪的影响。当理性分析与经验产生冲突时,获胜的通常是经验。如果世界的发展一成不变的话,那么这种行为方式就会延续下来。但在面对急剧变化的形势和新的挑战时,过多地依赖于经验却很危险。正如亨利·伯格森精辟地指出的那样,如果产生经验规则的框架条件已经不复存在,经验规则也就成了负担。在条件已经发生变化时,许多经理人只知道强化已有的措施,加大广告宣传力度,大幅度提高价格等等。他们不是去发现新的游戏规则,而是成了自己的经验的俘虏。

在最坏的情况下可能会形成导致僵化的习惯,教条与戒律就是这样产生的。个体与组织失去了适应能力。保罗·瓦茨拉维克认为这种僵化会导致一种双重的盲目性,人们一方面意识不到,他们所采取的适应方式随着时间的流逝已经不再是最好的,另一方面也意识不到,除了他们正在采取的适应方式以外,还存在着一系列其他的解决办法。迄今为止所取得的成功越大,故步自封的危险就越大。成功是改变的最大敌人。这是互相矛盾的。但事实上世界就是充满了矛盾与对立。在 F. 司各特·菲茨杰拉德看来,能够很好地处理这些矛盾就是智慧的表现。尼尔斯·伯尔的观点则复杂一些,他认为对立经常并不是互为矛盾,而是互为补充。多极管理(Polarity Management)的出现预示了一个有趣的新开始,在这种管理方式中,人们会有意识地同时追求一些看似矛盾的目标(如既要面对顾客,又要注重技术;既要集中,又要分散)。其道理在于,最佳值很少是通过片面性或极端化达到的。这在已经得到历史证明的"金色中间道路"的原则中有更为简单的表述。如果我们过去更多地遵循了这个原则的话,也许一些失败的教训和僵化就能得到避免了——不过我们一向都是事后诸葛亮的。

历史、过去、现在

历史是由卓越人的不良行为组成的。 **托马斯·B. 麦克考雷**

其历史读起来枯燥的人民是幸福的。 **夏尔-路易·孟德斯鸠**

人们不可能说出事情原本是如何发生 **格奥尔格·克利斯托夫·**
的,只能是自己认为事情是如何发 **里希腾贝格**
生的。

理解历史的人从来不会在历史中起 **西蒙-提奥多·儒弗鲁克**
作用。

历史就是一个预警系统,没有人重视它。 **罗塔尔·施密特**

如果我们能够有意识地经历或提前经 **斯滕·纳多尔尼**
历历史,我们就会得到很多。如果我
们懂得将失败放进历史之中(尽可能
地有好的结局),那么失败就更容易承
受也容易得到控制。如果能像看一则
有头有尾的故事一样了解自己的一
生,也了解公司及经济分支机构的生

命曲线,那你就能够获得一种视角,它即使不能改善各种关系,但也能让自己的行动更稳妥。

耶稣会教士必定做了一些正确的事情,否则他们的存在就持续不了五个世纪。　　　　　　　　　　　　**赫尔曼·西蒙**

古老往往是有生命力的证据。　　　　　　**爱德华·V. 里肯巴克**

忽视历史的一代人没有过去——也没有将来。　　　　　　　　　　　　**罗伯特·A. 海莱因**

记忆就是回头阅读自己。　　　　　　　　**本雅明**

生活只能在回顾中才能被理解,但只有在往前看的时候才能被体验。　　**索伦·克尔凯郭尔**

向后看的人将会失望:要想生存并生活下去,就必须向前看。　　　　**里卡尔达·胡赫**

过去不只留在我们的梦里,而且也在我们行动里。　　　　　　　　**赫尔曼·西蒙**

人们实在不应该两次都犯同样的错误,因为他有充足的选择余地。　　**伯特兰·罗素**

我们最大的功劳仅是向其他人说明了他们不应该做什么。　　　　　**W. 达什切夫**

历史就是被接受的谎言的集合。	伏尔泰
对于学者和艺术家来说，历史只能使发明家而不是复制者，使原作者而不是收藏者流芳千古。	约翰·约阿希姆·温克尔曼
过去是什么？就是你自己！	恩斯特·冯·孚伊希特斯勒本
你必须找时间整理好你的过去并记住它。	迈耶·弗里德曼
美好的过去时光只是一份标明了日期的拷贝。	艾里希·维塞纳
一切发展迄今为止不是别的，只是从一个错误进入另一个错误的蹒跚。	亨利克·易卜生
对过去与现在知道得越少，对将来的判断就越不肯定。	西格蒙德·弗洛伊德
我们不会通过回忆过去而变得聪明，而是通过对我们未来的责任心而变得颖慧。	乔治·肖伯纳
人们只有在数百年之后才能知道哪一条消息是重要的。	弗里德里希·尼采
当我多年后再次见到我年轻时认识的	贾柯莫·莱奥帕尔迪

人时,我的第一反应就是,我好像遇到
了一个饱经沧桑的人。

我对皱纹感到骄傲:它是生活在脸上　　**碧姬·巴铎**
的体现。

历史无法重复自己,但它也有自己的　　**马克·吐温**
节拍。

今天大城市里的汽车正如 200 年前的　　**赫尔曼·西蒙**
马车一样快,即每小时 12 公里左右。

不从过去学习,必定重复过去。　　**乔治·萨塔亚纳**

科隆的罗马-日耳曼博物馆石头上的　　**赫尔曼·西蒙**
文字与我们今天的文字如此相似,真
是太奇怪了。

如果正巧——也许是在年轻时代——　　**弗里德里希·施莱格尔**
认识一件自己并不知道的事情,人们
就觉得自己的记忆力很强。

记忆力不好,就会省去很多悔恨。　　**约翰·奥斯本**

昨天还想要的东西,今天就必须得到,　　**卡尔·古茨科**
这是很痛苦的。

万宝路牛仔是否将会像堂吉诃德一样　　**赫尔曼·西蒙**
成为历史的形象? 肯定不会!

人类的记忆是一种能力，可以对过去做出适应现在的需求的新的解释。　　乔治·萨塔亚纳

表彰优秀的管理是即将出现的失误的最好先期显示器。　　赫尔曼·西蒙

我们宁愿以向未来借的预付款为生，也不愿靠从过去获得的数量不多，但却可靠的退休金生活。　　卡尔·古茨科

昨天的职业都是受人尊敬的职业。职业越新，就越不受人尊敬——收入通常就越多。　　赫尔曼·西蒙

甚至连聪明的人都是时代的婴儿。那些走在时代前面的人，只有当他们假设的事情真正出现时，他们才能被称为聪明。　　赫尔曼·西蒙

不要假设明天会和今天一样，如果你这样想，你就是一个生活在过去的人。　　列奥·B. 赫尔策

所有被遗忘的思想都在世界的另一端浮现。　　艾里亚斯·卡内蒂

一切公共生活都只不过是一个舞台，前天的精神在上面表演，试图成为今

天的精神。

所有的都看到了,很多都忽略了,而提　　　**教皇约翰内斯二十三世**
醒的只有很少!

被读的都带有写作年代的精神实质,　　　**弗里德里希·包尔森**
而写下的却不总是这样。

人们总感觉自己所处的时代是特殊　　　**罗伯特·麦克内伊**
的: 最好的时代,最差的时代,有时二
者兼顾。但我们的时代是特殊的,通
过许多客观的标准,人类活动的范围
已经第一次可以与自然进程相媲美。

我们改变世界比改变自己要快得多,　　　**温斯顿·丘吉尔**
以至于我们总把过去的习惯应用于
现在。

在人类的历史上荒蛮第一次比文明更　　　**菲斯·鲍普康恩**
加安全。

我们时代的标记就是当表扬某物时担　　　**让·科克托**
心被视为愚蠢,而在责怪某物时则肯
定被认为是聪明的。

愚蠢的人为过去忙碌,傻瓜为未来忙　　　**尼古拉·尚福**
碌,聪明的人则为现在忙碌。

里希腾贝格于 1790 年左右在他的《涂鸦书》中表述了很多明智的思想与问题，而且在 200 年后仍然很有意义。我们今天表达的思想与问题在 200 年之后，约在 2200 年，还能够引起注意吗？

赫尔曼·西蒙

你们在倾听岁月的响亮声音，却忽视了时间的呼唤。

路德维希·福尔达

经　　验

经验是一条很长的路。	**德国谚语**
经验是唯一一所傻瓜都能学有所获的学校。	**本杰明·福兰克林**
经验是一所昂贵的学校。	**德国谚语**
好的判断通常是经验的结果,而经验时常是错误判断的结果。	**罗伯特·洛威尔**
经验是一所很贵的学校,但傻瓜们除此之外却无处可去。	**德国谚语**
生活就是时间转变为经验。	**卡雷伯·加特诺**
经历越广泛,个性越坚强。	**英迪拉·甘地**
经验是最好的测泉杖。	**约翰·沃尔夫冈·冯·歌德**
经验就是人们把所有的理论知识都忘记后留下来的东西。	**丹尼尔·戈德佛特**

谁满足于纯粹的经验，并依此行事，谁就拥有足够的真实。	约翰·沃尔夫冈·冯·歌德
经验是最好的师傅，但学费不菲。	托马斯·卡莱尔
如果经验不通过思考使其发挥效益，经验又有什么用呢？经验需要进行一种深入考察。	腓特烈大帝
经验是科学之母。	德国谚语
对于"经验"这一概念有两种不好的类型：缺少经验的人和过分依赖经验的人。	胡戈·冯·霍夫曼斯塔尔
敢于试验然后失败至少能在知识与经验上带来收益。	切斯特·巴纳德
人生早期的几次失败会对整个人生产生巨大的、实际的影响。	托马斯·亨利·赫胥黎
经验并不是指某人发生了什么，而是指他从中得到了什么。	爱多斯·赫克斯利
我们相信可以积累经验，可是经验造就了我们。	尤金·尤内斯库
没有经验的思想是空洞的，没有思想的经验是盲目的。	伊曼努尔·康德

经验和不幸会使有价值的人变得更为优秀。	约翰·海因里希·佩斯塔洛奇
美国人过分看重新知识而过分轻视经验。	罗莎贝丝·M. 康特尔
正如某些植物不必长得太高才能承受果实一样,在实践的艺术中理论的叶子与花朵不能长得太高,而是要与经验,即它固有的根基靠近才是。	卡尔·冯·克劳塞维茨
错误是经验的最深刻的形式。	马丁·凯瑟尔
从书本上获得他人经验的财富只是博学。自己的经验才是智慧。	戈德赫尔德·艾弗莱姆·莱辛
百闻不如一见。	中国谚语
道听途说不能确信。	腓特烈大帝
体验,而不是听和说,才是重要的。思想不是通过眼睛或耳朵进入人的心灵。	格奥尔格·克利斯托夫·里希腾伯格
在人们必须学乖之前就有了经验,那这种经验才有价值。	卡尔·海因里希·瓦格尔
经验就是人们为自己所犯的错误起的名字。	奥斯卡·王尔德

自己经验的最微不足道的价值要比他人的百万条经验更有价值。	戈德赫尔德·艾弗莱姆·莱辛
经验就是通过失去而变得富有。	恩斯特·冯·维尔登布鲁赫
有经验的人不会再犯很多错误。但是要成为有经验的人则需要犯很多错误。	美国智慧
欲要晓，勤问老。	中国智慧
一个小树叶般的经验要比一棵树那样的好建议更有价值。	立陶宛智慧
只有当人们以自己的经历了解他人的处境时，才能提供建议。	赫尔曼·黑塞
有经验的人就是那些知道什么是行不通的人。	伯恩德·罗尔巴赫
只有傻瓜才相信从自己的经验中学习。我宁可从他人的经验中学习，以便从一开始就避免自己犯错误。	奥托·冯·俾斯麦
向自己的经验学习，付出的代价太昂贵了，学习别人的经验不仅快而且更经济。	罗伯特·L.蒙哥马利
鼻子有最好的记忆力。	库尔特·图霍尔斯基

经历越多越好。	**沃伦·本尼斯**
谁今天把头藏在沙子里,明天牙齿就会格格作响。	**君特·庇夫**
谁害怕新药,就必须要忍受旧药的恶心。	**弗兰西斯·培根**
成功的经验是转变的最大敌人。	**赫尔曼·西蒙**
昨天成功的公式就是明天失败的良方。	**阿诺尔德·格拉索夫**
每一个新的开始,人们都应该考虑到,他在他精神的背囊中携带着他的经验。	**赫尔曼·西蒙**
经历的用处对我来说曾经包含一切,凭空虚构从来与我无关。我经常认为这个世界比我更有天赋。	**约翰·沃尔夫冈·冯·歌德**
每个人都从老人那里找到了自己需要或期望的东西。	**《雅典娜神庙片断》**
一个老人的死去,等于一座图书馆的毁灭。	**非洲谚语**
记忆力差的优点就是人们可以多次去首次享受同样的好事。	**弗里德里希·尼采**

现在是没有范围的。它只是从过去到　　**佚名**
将来的过渡。因此人们只能要么生活
在过去，要么生活在将来。大多数人
都生活在过去。

不要读历史著作，只读人物传记，因为　　**本杰明·狄斯雷里**
这是没有理论的生活。

有知识的见解是纸片。只有谈论经历　　**赫尔曼·黑塞**
的人才值得信任。

习 惯 与 僵 化

习惯是第二天性。 **西塞罗**

习惯与天性在某种程度上是相似的。 **亚里士多德**

谁懂得在被社会关系击碎之前就击碎 **弗兰茨·李斯特**
它,那是幸运的。

如果我自我感觉良好,我为什么要改 **弗里德里希·冯·席勒**
变自己呢?

权宜之计是最具生命力的。 **来自法国**

在威尼斯长大的狗认为由水构成的街 **佚名**
道在世上是再正常不过的了。

有关国王神圣权利的哲学早在几百年 **沃特·瑞斯顿**
前就消失了,但有关市场世袭的神圣
哲学似乎并没有消亡。一些人依然相
信,他们的市场现在和将来都属于他
们,而不是别人的,这是至高无上的神

的旨意。殊不知这个古老的美梦已经
彻底破灭。在自由社会，当顾客决定
去别的地方，任何商人都无法控制市
场。面对更好的产品，国王所有的战
马和士兵都无能为力。我们的商业史
充斥着那些不能因应变化的世界而进
行变革，最终成为企业墓地中的墓碑
的公司例子。

出于一些连行为研究人员都颇为费解
的原因，动物就如同人一样倾向于将
各自的适应性看作是永远的唯一的可
能性，这将导致双重的盲目性：一是
在时光的流逝中这种适应性不再是最
好的；二是过去曾经有过，或者现在有
其他的更好的解决办法被忽略了。

保尔·瓦兹拉维克

我们不能将不良习惯直接从窗户扔出
去，而是要顺着楼梯一级一级地向下
将其扫地出门。

马克·吐温

养成一个好习惯要比戒除一个坏习惯
容易得多。

奥古斯特·冯·普拉腾

一个好习惯的养成是很容易的，要去

阿瑟·库斯特勒

掉一个坏习惯则是精神上或品质上的一种英雄行为。独创性的基本条件就是一门在适当的时刻忘记已知的艺术。

习惯是成功的坟墓。	**拿破仑·希尔**
在新习惯养成之前,要忍受一段痛苦。	**威廉·詹姆斯**
注意您的思想,因为它将会变成言语。注意您的言语,因为它将会变成行动。注意您的行动,因为它将会变成习惯。	**佚名**
我们认为可以主宰本性,但可能只是本性已经适应了我们而已。	**卡尔·海因里希·瓦格尔**
如果人们习惯了当孩子,那么当他变老时就会不习惯。	**所罗门语**
谁若有一把锤子,一切就都变成钉子了。	**保罗·瓦兹拉维克**
只要有好奇心,年龄是没有什么可指摘的。	**伯特·兰凯斯特**
除了我们自己承认的之外,没有人给精神设置界限。	**拿破仑·希尔**
文化就是使人们的能力自由发展的温	**爱多斯·赫克斯利**

室,同时又是对其进行束缚的监狱。

象牙塔是没有窗户的。 **赫尔曼·西蒙**

破除恶习的办法是,抛弃它！ **拿破仑·希尔**

我们不需要继续与昨天一样的生活。 **克里斯蒂安·摩根斯特恩**
摆脱这种观点,成千上万的可能性在
邀请我们开始全新的生活。

习惯的枷锁常常细微得让人无法感 **萨缪尔·约翰逊**
觉。当人们觉察到的时候,它已经坚
不可摧了。

人们在前半生养成的习惯决定着他们 **罗塔尔·施密特**
的后半生。

如果某些人能有一次脱离他们的轨 **塞涅卡**
道,该多好啊。

进步最大的敌人不是错误,而是懒散。 **弗雷德里克·T. 巴克勒**

以前是"一切都是流动的",今天则是 **赫尔曼·西蒙**
"一切都是僵化的"。

当一个人在成功路上继续前进时,他 **弗雷德里克·哈耶克**
很少在错误中越陷越深。

共同的观点或者约定俗成的东西常常 **奥古斯特·冯·普拉滕**

最值得调查。

年老资深的科学家说某事是可能的，   **阿瑟·C. 克拉克**
他通常是对的；当他说某事不可能时，
很可能是错的。

如果自然科学家天生就拥有未来，那   **查尔斯·P. 斯诺**
么传统文化就希望根本不存在未来。
这种传统文化一直在控制着西方世
界，而且并没有因为自然科学的出现
而有所减弱。

一旦必要的环境不复存在，思维的工   **亨利·伯格森**
具就会成为负担。

专家都是那些为了使自己继续成为专   **哈里·S. 杜鲁门**
家而拒绝学习的人。

历史学上有用的、让人吃惊的教训就   **乔治·斯蒂格勒**
是那些被广为接受的事实常常是错
误的。

昨日的发现就是今天的陈词滥调，我   **阿瑟·库斯特勒**
们对人们过去的盲目性感到吃惊。

只有那些对旧点子一筹莫展的人，尤   **卡尔·海因里希·瓦格尔**
其对新想法欢欣鼓舞。

最危险的愚蠢不是缺乏教育的表现，而是缺乏培训的表现。	赫尔穆特·阿恩岑
出自幻觉的病痛是不治之症。	玛丽·冯·艾伯纳-艾欣巴赫
每个人都会犯错误，但只有笨蛋才坚持他的错误。	西塞罗
精神失常的定义是重复做同样的事情，却期待不同的结果。	丽塔·梅·布朗
如果一个人今天只做昨天已做过的事情，那么他明天就只能是今天的样了。	君特·庇夫
人们辩护是为了坚定自己的偏见，而不是动摇对方的信心。	埃斯里·杜克斯
摧毁一种偏见比摧毁一颗原子还要困难。	阿尔伯特·爱因斯坦
人们一般只是在事实与自己不复存在时，思维的工具就会成为负担。	安德鲁·A. 塔其尼
人们总不相信与他们的计划和预先安排不一致的结果。	芭芭拉·塔其曼
我们公司内遇到麻烦的人是那些按老章程办事的人。	杰克·韦尔奇

他在自己早就认为已经离开了的阵地中弹受伤。	克劳斯·希勒克
能把我们从官僚作风中拯救出来的唯一办法就是它的低效率。	尤金·麦卡锡
大企业滋生官僚主义和官僚,就像大政府一样。	T. K. 奎因
人们凭借中规中矩的工作成为规定的制定者,这种可笑的事情也是官僚作风的好玩之处。	C. 诺斯柯特·帕金森
人在四十岁后就不再改变自己的哲学了。	威廉·布什
人类唯一感到惬意是在习惯中;就连我们已经习惯了不快也舍不得丢掉。	约翰·沃尔夫冈·冯·歌德
营业服务窗口是官僚作风的括约肌。	沃尔弗拉姆·魏德纳
官僚主义者总爱发牢骚,他们是一事无成的人。	汉斯·卡斯贝尔
官僚主义就是一台由侏儒操作的巨大机械装置。	奥诺雷·巴尔扎克

对 立 与 矛 盾

对最佳智力的测试就是有能力在头脑
中同时保持两种相反的意见,并仍然
有思考的能力。

F. 司各特·菲兹杰拉德

没有对立就没有进步。

威廉·布雷克

理论与实践是统一的,同时也是两分
的,如同物质与精神、心灵与肉体、男
人与女人、思想与观望。

博古米尔·戈尔茨

相互完全排斥的事情才是本质的。

汉斯·阿恩特

我们喜欢像自己希望的那样去认识这
个世界,她总是有一个白天与一个
黑夜。

约翰·沃尔夫冈·冯·
歌德

客观。一切都有两面性。但当人们发
现还有第三面时,才算真正地了解。

海米托·冯·多德勒尔

对立并不是矛盾,而是补充。

尼尔斯·伯尔

只要对数据严刑拷打,它会招认的。	一件 T 恤上的口号
只有将秩序与混乱有机地结合起来,才能达到效验与稳定性、灵活性与创造性的稳固。	赫尔曼·西蒙
我只确定一件事,即确定一件事是不可能的。	威廉·萨默塞特·毛姆
黄金规则就是:没有黄金规则。	乔治·肖伯纳
所有的规则都是错的,包括这一条。	赫尔曼·西蒙
没有懒惰又年老的伟大猎人。	诺曼·R.奥古斯丁
人类的天性是理智地思考,不理智地行动。	阿纳托尔·法朗士
如果你想屈从于一切,就屈从于理智吧。	塞涅卡
柔顺的枝条不会折断。	日本智慧
伟大思想总与中庸思想相矛盾。	阿尔伯特·爱因斯坦
舵手的身上有两个角色。一个是同船上所有人都是一样的,即他自己也是船上的旅客。相反地,舵手角色是由他独自承担的,暴风雨只伤害他身上	塞涅卡

的旅客角色,但不能伤害他身上的舵
手角色。

在我看来,我们时代的特征是目的混
乱而方法完美。

阿尔伯特·爱因斯坦

多种计划没有任何意义,制定一个方
案是至关重要。

杜威特·D. 艾森豪威尔

在交往中都是人以类聚,一个傻瓜更
喜欢另一个傻瓜的社交圈,而不是伟
大人物的社交圈。

阿图尔·叔本华

总是不信任如同总是信任一样是一个
错误。

约翰·沃尔夫冈·冯·
歌德

世上只有两种悲剧,一个是得不到想
要的,另一个是得到了。

奥斯卡·王尔德

如果我们满足了自己一半的愿望,我
们的烦恼就会成倍增加。

本杰明·福兰克林

我们的时代是一个满足的时代,而满
足总是失望。

罗伯特·穆齐尔

好运气只不过是我们的幻想,痛苦才
是真实的。

伏尔泰

世上最不可理解的事就是它是可以被

阿尔伯特·爱因斯坦

理解的。

只要我们还没有得到自己想要的东　　　卢克莱修
西,对我们来说它的价值就显得超过
一切;但是一旦我们拥有了它,就会有
其他的愿望。我们总是有一种相同的
渴望去追求生活。

财富和海水相同:人们喝得越多,就　　阿图尔·叔本华
越渴。荣誉也是如此。

许多人把他们一半的时间花在向往那　　亚历山大·伍尔科特
些不花费自己一半的时间就可以得到
的东西。

谁同时既有思想,并又有个性,并且时　　《雅典娜神庙片断》
不时提醒别人,这两者的好处和用处,
那他就是傲慢。

每个人都在过一种双重生活,实际中　　大卫·赫伯特·劳伦斯
的和思想上的。两者都是真实的。只
有日记人们不可相信。

做小事时要想到"大事",小事才不会　　艾尔温·托夫勒
走错方向。

不起眼才有内涵。　　　　　　　　　　托马斯·尼德洛依特

艺术家需要想象，就如同研究者需要
假定一样。是的，想象与假定都有用，
并且本质上是一样的。

格尔哈特·豪普特曼

当某个事物小于最大的时候，那么它
在长时间内都处于非重要地位。

塞涅卡

亲爱的上帝，给我耐心吧，并且要
快点。

欧伦·阿诺德

对于善于观察者不存在太难的工作。

佚名

工作是唯一不会让我疲劳的事情。

保尔·雷诺

为了不去思考而工作也是一种懒惰。

艾尔哈特·布兰克

第一眼看上去怯懦，也许是一种聪明。

让·季奥

精神分析是自认为是精神疾病疗法的
一种精神疾病。

卡尔·克劳斯

精神分析是一种假装可以治愈的
疾病。

阿瑟·库斯特勒

为了休息，我们不知疲倦地工作。

劳伦斯·斯特恩

我经常在晚上对自己说：读得太多，
说得太多，考虑得太少。

赫宁·舒特-诺埃尔

想得尖锐，就会悲观；想得深刻，就会

亨利·伯格森

乐观。

乐观主义者认为我们所生活的时代是
最好的,而悲观主义者则害怕这是
真的。

詹姆斯·布兰切·卡贝尔

人们说,在两个完全对立观点的中间
存在着真理。绝不是这样的！问题就
在于两者之间。

约翰·沃尔夫冈·冯·
歌德

年轻人都忽视后果,而这正是他们的
强项。

马丁·凯瑟

20岁时没有自由就相当于没心,40岁
时不保守相当于无脑。

温斯顿·丘吉尔

我们要经常保证自己的努力是针对问
题的关键核心,而不是枝节的次要问
题。我们面对的困难越错综复杂,经
常思考这一问题就越重要。因为人类
天性总是想避开解决不了的问题。

伯纳德·M.巴鲁赫

将极端连接起来,你们就会拥有真正
的中间性。

弗里德里希·施莱格尔

人们必须要保持年轻,以便做大事。

约翰·沃尔夫冈·冯·
歌德

如果你使一个年轻人避免犯错误，你   **约翰·艾尔斯金**
也就让他失去了做出决定的机会。

夸奖只对懂得珍视责备的人有益。   **罗伯特·舒曼**

将那些成功的男人长时间留在他们的   **佚名**
位置上，直至他们用新的蠢事使自己
过去的功劳毁于一旦，这是一个完全
错误的感谢方式。

自我奋斗获得成功的人常犯一个错   **莫里斯·拉菲尔·科恩**
误：太崇拜自己了。

我们为承认小错误而骄傲，这使我们   **安德鲁·A. 鲁尼**
感觉自己并没有犯大错误。

为了使自己温和、宽容、聪明及理智，   **彼得·乌斯蒂诺夫**
必须要拥有属于自己的那份强硬。

你可以在真理与平静之间进行选择，   **拉尔夫·瓦尔多·爱默生**
但却无法同时拥有。

完全独立的人才能做到没有任何   **汉斯·克莱斯海默**
看法。

好的主意是昂贵的，但并非每一个昂   **卡尔-奥托·珀尔**
贵的主意都是好的。

好的主意是昂贵的，坏的也是如此。   **赫尔曼·西蒙**

每一次提拔同时也是一次挑战。	艾尔哈特·布兰克
得意的时候要对人好,因为我们在失意的时候也会遇到他们。	威尔逊·米兹内尔
如果人们只是为了使他人行动起来而行动,好多事情就会变得美好。	约翰·沃尔夫冈·冯·歌德
把自己从机械中挽救出来只有一种可能性,那就是利用它们。人们只有通过汽车才能明白这一点。	卡尔·克劳斯
技术就是避免努力的一种努力。	荷塞·奥尔特加·加塞特
如果你不能解释它,你就无法理解它。	查尔斯·奈特
高科技这玩意儿就是你到最后还得用剪子解决问题。	大卫·霍克尼
计算机可以节约时间,但却浪费纸张。计算机打印出的东西98%是几乎没人看的垃圾。	安德鲁·A.鲁尼
我信仰公正,但我还是要在法官面前为我母亲辩护。(英语"justice"一词二义:"公正""法官"——译注)	阿尔贝·加缪
最大的风险乐于照顾那些连最小风险都不愿接受的人。	卡尔·弗尔斯滕贝格

人们能够使荒漠变成绿地，但却改变不了存在于他头脑中的那片唯一的荒漠。

艾弗莱姆·季顺

贫穷而又独立，这几乎是不可能的。

威廉·柯贝特

所谓受过教育的人一般情况下都对此没有概念：某个人在接受过被他们称为教育，而且也真正是教育的艺术熏陶之后，又能够回到简朴和自然中来。在他们看来所有纯朴的东西都是非文化。

弗兰茨·格里尔帕策

如果地球的人口每天都在下降，照此下去，10 个世纪后地球上将仅剩废墟。

夏尔-路易斯·蒙德斯鸠

资本和才能的结合使企业做大，但要得到两者就要放弃一些所有权。大公司的小利润只是杯水车薪。

列奥·B. 赫尔策

偿还其债务的人，他的财富并没有减少。

克利斯托夫·雷曼

如果连警告都不听取的话，谁还能期待人们去遵循善意的劝诫？

乔纳森·斯威夫特

2 是一个非常危险的数字。对于将某物分为两部分的试图，往往会产生最强烈的猜疑。

查尔斯·P. 斯诺

人们偏爱于跟随那些对自己有用同时又忽视自己的人。	萨缪尔·巴特勒
购买自己不需要的东西意味着将会卖掉自己需要的东西。	日本智慧
正确地做一件事情要比解释为什么会做错一件事容易得多。	亨利·W. 朗费罗
企业中的宫廷丑角可惜太少了。	赫尔曼·西蒙
作为现代社会的宫廷丑角,知识分子完全有责任去怀疑不该怀疑的事情,对理所当然的事情大惊小怪,对权威进行批评并使之相对化并提出没有人敢提的问题。	拉尔夫·达伦多夫
企业为什么需要顾问?这和顶尖级运动员为什么需要教练一样。	赫尔曼·西蒙
评价是自由的,但是事实是神圣的。	查尔斯·普里斯维奇·斯各特
真正的自信心的前提是能够找到事物好的一面。	肯·匀尔顿·凯泽
只有那些你不熟悉的企业才是管理得好的企业。	弗雷德·范德斯密特

冲突是有益的，从本质的差异中产生最美妙的和谐，如同一切都从对立中产生一样。	**赫拉克里特**
我痛恨争论的原因是它常常打断讨论。	**吉尔伯特·凯斯切斯特顿**
讨论：使他人在其错误中变得坚强起来的方法。	**安布罗斯·比尔斯**
两个真理从来不会产生矛盾。	**伽利雷欧·伽利略**
看到问题两面的人根本看不到任何东西。	**奥斯卡·王尔德**
犯错的人似乎声音最大。	**安德鲁·A. 鲁尼**
深刻地理解这个世界就是理解矛盾。	**弗里德里希·尼采**
只和没有矛盾的人共事，这不是好主意。	**路德维希·罗森贝格**
真理来源于朋友间的不同意见。	**大卫·休谟**
我曾经和丘吉尔有过许多激烈的争吵，但是我们总能和睦相处。和罗斯福我一次都没有争吵过，可是和他就是合不来。	**夏尔·戴高乐**
对立思想的酵母在我看来是必不可少，它可以使作品丰富多彩，读起来是	**路德维希·伯尔纳**

种享受。

什么更能引起我们的注意,是鲜花在夏季的盛开还是在冬季的匮乏。至少我们总是在失去健康的时候才发现健康多么重要。

赫尔曼·西蒙

冲突是正常的,随处可见的,长期的及有利于创造的。

维尔弗里德·克吕格尔

看炉火是很惬意的一件事情,尤其是当人们不需要亲自去点燃的时候。

赫尔曼·西蒙

妥协要比法律诉讼好。

乔治·赫伯特

许多人不去做的事仅是因为没人禁止他们去做。

赫尔穆特·库瓦汀格

什么是禁止的,人们就去做什么。

德国谚语

评论家是通向荣誉道路上的强盗。

罗伯特·伯恩斯

谈判的结果与谈判双方的重量关系休戚相关。

佚名

他成了董事会主席。然而不是因为要抬高他,而是因为他想走下坡路。

赫尔曼·西蒙

例外并不总是在证明旧规律的存在;

玛丽·冯·艾伯纳-艾欣巴赫

它也可以成为一个新规律的先兆。

睁开两只眼睛的人在生活中有些事情是幸福的；但是那些懂得闭上一只眼睛的人更幸福。	约翰·沃尔夫冈·冯·歌德
放弃是为了占有。	弗里德里希·黑贝尔
知识管理：一个我们一无所知的领域。	赫尔曼·西蒙
"真可惜，喝水不是一种罪孽。"一个意大利人喊道，"否则它的味道会更好。"	格奥尔格·克利斯托夫·里希腾贝格
对自己忠诚，对别人就不可能总是忠诚的。	克里斯蒂安·莫根斯特恩
小心和猜疑是好东西，针对它们自己的小心和猜疑也同样重要。	克里斯蒂安·莫根斯特恩
两个人出门要比一个人单独待在家里好。	赫尔曼·西蒙
有教养的人反驳别人，聪明的人反驳自己。	奥斯卡·王尔德
税务顾问简化税法就像医生除去病痛一样见效甚微。	赫尔曼·西蒙

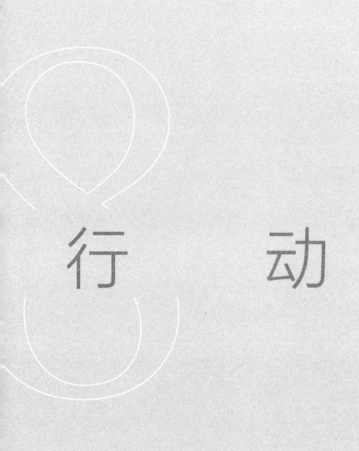

行　动

行　动

在迄今为止的管理活动中,只有行动的意义得到了充分的重视。但是,仅仅强调行动的意义通常是远远不够的。德国一家大企业的总裁对我说,就连官方制定的战略计划中也只有四分之一能够得以实现。从想法到行动的道路上充满了困难和障碍,单单是第一步——决策——就已经让很多个人和很多决策小组感到困难了。一项决策的最后实施要求人具有魄力,要求人勇于改变。此外还要有意志,这是一个在管理学中很少得到重视的因素。但是,有很多企业虽然具备了上述种种条件,却依然背负着巨大的财务赤字。上一章中的格言谈及了这个现象,并且也给出了一些改变这种状况的建议。但是这些格言同时也表明,重要的不是方法和技术,而是行动者的内在素质。

塞涅卡说:"意志不是学来的。"那么意志究竟是从哪儿来的呢?在很多企业里,"由分析报表所引起的意志摇摆不定"仿佛传染病一样蔓延,原因是什么?决策的能力是一个经理人最重要的素质之一。在当今时代,我们似乎比以往任何时代都更需要在信息不充分的条件下快速作出决定。在这个决策的过程中,我们的心和脑、直觉和理性,都分别起着什么样的作用呢?我们所选择的几位名人的格言认为,在现代社会中,心灵在我们的决策中还远远没有起到它应起的作用。我同意这个观点。我自己在多年从事咨询和管理工作的经验中认识到,人在犹疑不定的时候应该听从直觉的安排。有一些事情是我们的理性所不能把握的,但这些事情对于一个后果重大的决策来说却可能是至关重要的一环。

对于决策本身,以及对于决策以后的步骤和实施乃至改变,强悍的力量是一个必不可少的因素。但什么是力量? 培根干脆就把这个问题总结为他的那句名言:"知识就是力量。"但是这句格言在本章中将会被置疑,比如歌德就断言说:"仅仅知道是不够的,还必须行动。"力量的含义远远比知识深刻得多! 语言本身不足以产生力量,需要行动。

行动的目的在于改变局面。对于变化的普遍意义的最精确的解释古已有之。赫拉克里斯著名的名言"万物变动不息"和他的论断"没有比变化更持久的事物"就是关于改变问题的精辟论述。佛教所要传达的核心信息也是: 没有静止不变的东西,万事万物都处于永恒的变化之中。管理学可以从进化论中获得许多有趣的类比,而进化其实只不过是持续不断的改变和筛选。尽管如此,我们却好像直到今天才发现改变的必要性,仿佛变革管理学是我们这个时代独有的发明似的。其实关于这个主题的许多古已有之的智慧都可以给我们教诲。改变、对改变的阻力、改变人和改变组织结构的窍门,所有这些智慧都像人类本身一样历史悠久。

最后要谈到的是实施。意志、勇气,以及其他一些难以描绘的个性特点是完成实施任务的必要因素。只有行动说了算。一个贯穿我们所搜集的这些格言警句的中心主题是言与行之间的关系问题。正如一句意大利谚语所说,言与行之间隔着汪洋大海。

决　　策

做决定的必要性使我们发展出了认识
能力。

伊曼努尔·康德

每个人都想决策,但很少有人愿意为
此思考。

腓特烈大帝

对于旁观者,通常甚至对于决策者本
人,一个最后决定的精髓之处都是无
法预先看穿的。做决定的过程总是充
满了黑暗和混乱,对于那些深深卷入
其中的当局者来说,这个过程甚至可
能是充满神秘色彩的。

约翰·F. 肯尼迪

谁如果做每个决定都很困难,那么他
就任何一个决定也做不了。

哈罗德·麦克米兰

弱者在做出决定之前怀疑,强者则在
做出决定之后怀疑。

卡尔·克劳斯

真正伟大的人物喜欢做决定。他喜欢

马丁·凯瑟尔

一锤定音,而且是通过行动。

聪明才智只能给我们提供建议,行动　**弗兰茨·格里尔帕策**
才能决定一切。

具备决策的能力,这比任何其他事情　**拿破仑·波拿巴**
都困难,因而也比任何其他事情都
宝贵。

对经理人最有效的是"10∶8原则":　**马蒂亚斯·贝尔茨**
做出 10 个决定,其中会有 8 个是正确
的,2 个是错误的。

必须拿出时间来对根本性的重大问题　**托马斯·A. 哈里斯**
做出决策。这样一来,大量小的决策
就可以省略掉了。在重大问题上多花
费一点时间,比在小问题上节省时间
更有效。

如果一次行动需要进行复杂的计算的　**罗伯特·海勒**
话,那么就不要采取这次行动。

一个聪明的决定经常是出乎意料的、　**奥斯卡·布鲁门塔尔**
迅速的、未经斟酌的;而愚蠢的决定却
通常是深思熟虑的结果。

实施一个不太圆满的决定胜于去追求　**夏尔·戴高乐**

永远不可能达到的圆满。

分析问题但不做出决定,胜于不经分
析就去决定。 　　　　　　　　　　约瑟夫·儒贝尔

一个人能够成为老板,更多的原因可
能在于他能迅速做出决定,而不是因
为他的决定总是正确的。 　　　　　安德鲁·A. 鲁尼

任何时候,当你做出一个决定的时候,
这个决定总是错的。 　　　　　　　马蒂亚斯·贝尔茨

谁如果想在做出决定之前把所有因素
都考虑周详,谁就永远做不出任何
决定。 　　　　亨利-弗雷德里克·阿
　　　　　　　米尔

讨论一个问题,但不做出决定,胜于不
经讨论就做出决定。我要补充一句,
最好是既讨论又决定。 　　　　　　威廉·欧维埃克

我们常常面临这样的困境:在所有的
事实搞清楚之前就得做决定。 　　　托马斯·A. 哈里斯

生活就是从不充分条件中得出充分结
论的艺术。 　　　　　　　　　　　萨缪尔·巴特勒

在做计划之前不仅要把计算器关掉,
而且也要把大脑关掉。 　　　　　　维尔纳·L. 黑特里希

管理的任务不是下发表格，而是根据　　　艾尔弗莱德·斯隆
具体情况做决定。

克敌制胜、坚韧不拔的理性应由发自　　　安东尼奥·R. 戴马西欧
人们内心深处的情感来体现。

如果想得到高质量的决定，那么这个　　　伯恩德·罗尔巴赫
决定要由单个人来做。如果想得到一
个能够被多数人都接受的决定，那么
这个决定就要由团体来做。

任何时候，时机都是成熟的，问题在于　　　弗兰索瓦·莫里亚克
对什么成熟。

一切事情都由令人厌烦的各种委员会　　　约翰·梅道克斯
控制着，这导致决策太慢，还会出现一
些危险的折中。结果就是，美国的发
展速度落后于日本。

如果被迫要去做一个过于匆忙的决　　　查尔斯·E. 尼尔森
定，那么说"不"胜于说"是"。因为把
"不"变成"是"远比把"是"变成"不"
容易得多。

如果一个人区分不了大事和小事，那　　　温斯顿·丘吉尔
他就是一个没用的人。

我有个职员过去曾经是海军军人，他
非常聪明，同时也非常固执。我给他
的工作任务是，在我最终做出任何重
大决定之前替我把关。我为此而付给
他薪水，因为在这事上他比决策咨询
师还要称职。

格哈德·诺依曼

先生们，我们大家一致同意这个决定。
我建议我们下次讨论延期进行，这样
我们才有足够的时间让我们的意见产
生分歧。

艾尔弗莱德·斯隆

那些我们过去需要一个月时间做出的
决定，现在我们将在一个星期内就做
出；过去需要一个星期做出的，现在将
在一天内就做出；而过去需要一天做
出的，现在将在一个小时里就做出。

马克斯·霍珀尔

专业人士可以在重大决定上给我们以
帮助。在做决定之前，要听取两种以
上的观点。

列奥·B. 赫尔策

好计划的真正目标不是计划本身，而
是去改变做决定的人头脑中的思维
方式。

阿里德·格斯

我们对我们的心过于不信任,对我们
的头脑却过于信任。

约瑟夫·鲁

只有当我们决定从梦中醒来的时候,
我们才有可能实现这个梦。

约瑟芬·贝克

意志不是学来的。

塞涅卡

每个人都知道有种东西能让他的决策
开始实施,但并不是每个人都知道这
种东西是什么。每个人也都知道自己
内心怀有一种行动的冲动,但并不是
每个人都知道这是一种什么样的冲
动,它从哪里来。

塞涅卡

一个人去询问他人的意见,并不是因
为他不知道自己该做什么,相反,他心
里同样清楚该做什么,只是不愿意去
做而已,他期待着从他所咨询的那个
人那里获得对于这个艰难决定的
帮助。

让·保罗

事实上,去做一件事的愿望,就是去做
一个实验的愿望,其目的是为了知道
我们能做什么。

弗里德里希·尼采

如果不是必须由你自己来做决定的话，就不要去决定。如果你的一个员工向你提出一个问题，那么你应该问问他自己对这个问题的答案。这种方法不但能培养员工的能力，而且也能让你正确地判断他的能力。

亨利·L. 杜赫提

不是因为一件事很困难，所以我们不敢去做；而是因为我们不敢去做，所以这件事才显得困难。

塞涅卡

人和人之间最明显的区别在于：蠢人总是一再犯相同的错误，而聪明人总是犯新的错误。

卡尔·海因里希·瓦格尔

没有人能永不犯错，但有本事的人却绝不会第二次犯同一个错。

爱德华·希斯

生活中最糟糕的错误在于老是害怕自己会犯错。

艾尔伯特·哈伯德

我们总是把别人所犯的错误当作一个非常适合做我们的辩护人的检察官。

巴西谚语

当我们试图去弥补一个已经犯下的错误时，我们就会犯下最糟糕的错误。

让·保罗

判断哪些东西享有优先权,也就是在
选择哪些东西应该保留下来。

赫尔马·纳尔

我们的判断和情感中如果没有足够的
耐心,就不会有足够的智慧和美德。

约瑟夫·儒贝尔

力　量

权力是欲望的对应物,因为人类的各
种欲望无穷无尽,所以一切能够满足
另一个人的欲望的东西,都有可能是
潜在的权力之源。

艾尔温·托弗勒

胜人者有力,自胜者强。

老子

每个强大的人都有自控的力量。

拿破仑·希尔

如果政治家需要选民的声音,那么选
民就获得了权力。

艾尔温·托夫勒

具有了把握当下这一分钟的能力,也
就具有了把握整个生活的能力。

玛丽·冯·艾伯纳-艾欣
巴赫

要想做出点什么,首先得成为点什么。

约翰·沃尔夫冈·冯·
歌德

一切执政者——无论是古代的君王还
是现代的专制者——外表看都表现出

威廉·O. 道格拉斯

高效率。

影响力就像储蓄,使用得越少,你自己还拥有的就越多。	**安德鲁·杨**
力量通过自愿的释放而扩增。	**赫尔曼·西蒙**
在任何组织,权力是一个不停变换的商品。忠诚也一样。	**列奥·B. 赫尔策**
和力量是不能调情的,只能和它结婚。	**安德烈·马尔罗**
一个掌握了权力的朋友就等于一个你已经失去了的朋友。	**亨利·布鲁克斯·亚当斯**
哪怕是单独一个人,也可以产生巨大的力量。	**弗兰索瓦·莫里亚克**
一个怀着信仰的人比九十九个怀着兴趣的人更有力量。	**约翰·斯图亚特·密尔**
一个有勇气的人相当于一大群人。	**托马斯·杰斐逊**
真正有威信的人不怕承认自己的错误。	**伯特兰·罗素**
一个人犯的错误有多大,他的心胸就有多大。	**西班牙谚语**
伟大的代价是责任。	**温斯顿·丘吉尔**
拥有权力,但却不滥用,这才是真正的	**弗里德尔·伯依特洛克**

伟大。

下命令会延长人的寿命，这就是大将　　　霍华德·T. 亨特
军和指挥官们长寿的原因。

伟大的作品不是靠强力，而是靠坚韧　　　萨缪尔·约翰逊
不拔的力量完成的。

坚韧胜过强力。　　　　　　　　　　　　喀麦隆谚语

经过长期的思考，我得出这样一个信　　　本杰明·迪斯雷里
念：一个目标笃定的人一定能够实现
目标，而那些为了成功不惜牺牲平静
生活，具有坚强意志的人将无往不胜。

知识就是力量。　　　　　　　　　　　弗兰西斯·培根

掌握权力的人没有时间读书，但是不　　　依萨克·富特
读书的人掌握不好权力。

精神的任务是去粉碎权力。我想给它　　　奥托·福雷克
一句标语：自由和独立！

世界上没有什么东西比一个精神独立　　　阿尔伯特·爱因斯坦
的男人所具有的影响力更值得敬畏。

必须知道自己的退路是什么。　　　　　恩斯特·云格尔

那些想要对他人施加影响的人必须注　　　里卡尔达·胡赫

意,这种影响不能太频繁地被别人看出来。

是以圣人执一为天下牧。不自视故章,不自见故明,不自伐故有功,弗矜故能长。夫唯不争,故莫能与之争。　　　　老子

知识是一切权力之源中最民主的一种。　　　艾尔温·托夫勒

意识无处不在,但却不能统治我们。　　　保罗·瓦雷里

谦虚是在意识到了自己的力量以后才能具有的一种品质。　　　保罗·塞尚

真正有力量的人把他的力量藏在衣领下面,而不是挂在纽扣眼里。　　　保罗·雷热菲特

当我们自己拥有权力的时候,我们称它为"影响力";但当别人拥有权力的时候,我们却用一个难听的词称它为"强力"。　　　阿瑟·F.柯雷

强大的人哪怕互为敌人,也总是能够彼此理解。　　　乔治·克里蒙梭

枝繁叶茂的树荫下往往没有丰饶的果实。　　　佚名

征税的权力中隐含着破坏的力量。　　　约翰·马歇尔

世间最难完成的告别就是与权力告别。

夏尔·莫里斯·德·塔里兰

所有我近距离观察过的强权人物，都已经变得没有耐性、不宽容，虚荣使他过高地估计了自己的能力，因而霸道地对待原则和朋友。

西蒙·佩雷斯

耶稣会教士团中有一条非常理性的规定：任何怀有权力欲望的人（即使这种权力欲望被遮掩在领导欲的外衣之下），都不可以被选为首领。这里面包含着耶稣会教士团千百年来的经验：一个渴望权力的人，他的激情会使他不适于施行统治。

鲁珀特·雷

站得越高，看得越远——如果高处不总是那样云雾缭绕的话。

路德维希·富尔达

经理们20%的时间用来从事创造性的工作，80%的时间用来保卫自己办公桌后面那个座位。

葛茨·霍恩斯坦

改　变

唯一的稳定是运动中的稳定。	**彼得·F. 德鲁克**
生存下来的不是最强壮的物种,也不是最聪明的,而是最能适应变化的。	**查尔斯·达尔文**
声称一切都未曾改变的人是对的,声称一切都已经改变了的人也是对的。	**赫尔曼·西蒙**
需要改变的是你的观念,而不是你的居住地。	**塞涅卡**
我们这一代人最伟大的发现是,人类可以通过改变自己的态度来改变自己的生活。	**威廉·詹姆斯**
改变和痛苦经常是同义词,而若想获得成功,则必须同这两者打交道。	**列奥·B. 赫尔策**
哲学家们只是各不相同地分析了世界,但重要的是改变世界。	**卡尔·马克思**

只有改变自己，你才能生存；若想生存，你就必须改变自己。	弗里德里希·格奥尔格·云格尔
唯有变化长存。	阿图尔·叔本华
没有比变化更为持久的事物。	赫拉克里特
没有人说只要改变就一定意味着变得更好，但更好却一定意味着改变。	格奥尔格·克里斯托夫·里希腾贝格
我们把世界改变得如此之多，以至为了能够在这个新的世界上生存，我们现在必须要改变自己了。	诺伯特·维纳
如果我们想要一切都保持现状，那么我们就必须改变一切。	乔瑟普·托马齐·迪·兰佩杜萨
若不改变，就是停滞；而停滞就是退步。	汉斯·乌尔斯·冯·巴尔塔萨
为了始终做我们自己，我们必须做出改变。	赫尔曼·西蒙
当模式被打破，新的世界就会出现。	蒂利·库普佛贝格
变化是生活的起跑线，新的一天就从这里开始。	提奥多·冯塔纳
除了变化以外，这个世界上没有什么	乔纳森·斯威夫特

东西是不变的。

旧改革的结束是新改革的开始。	**戴特莱夫·米勒-伯林**
我们必须去成为我们在这个世界上希望看到的那种变化。	**马哈特马·甘地**
有些人看到现状以后问："为什么?"而我则梦想着从未有过的东西,说:"为什么不?"	**乔治·肖伯纳**
企业若想持续取得成功,必须依赖变革管理学。	**赫尔曼·西蒙**
1997 年,西门子庆祝 150 年华诞。这个公司在这 150 年里有什么变化吗?我认为:几乎没有!	**赫尔曼·西蒙·**
怀疑者不能成事。	**英国谚语**
推迟和拖延重要的事情,是一种非常危险的心理疾病。	**格奥尔格·克里斯托夫·里希腾贝格**
犹豫不决在平静年代里是有用处的,在动荡年代里却会毁掉一个男人。	**阿尔封斯·德·拉马丁**
他们每次都错过最佳的行动时机,还美其名曰"顺其自然"。	**伊曼努尔·盖伯尔**
不要害怕迈出重大的一步——你无法	**戴维·利奥-乔治**

用两小步跳跃跨过峡谷。

谈论变化和描写变化，要比用实际行　　　　**赫尔曼·西蒙**
动促成变化容易得多。

变化没有拥戴者。人们都拥戴固定不　　　　**杰克·韦尔奇**
变。所以必须做好准备面对大量的
阻力。

一个企业的职员中，总有 20% 的人在　　　　**佚名**
促成变化，另外 80% 的人则忙于抵制
和阻碍变化。

84% 的压倒多数人痛恨改变。　　　　**罗尔夫·贝尔特**

进步是一个美好的词。但是进步的驱　　　　**罗伯特·F. 肯尼迪**
动力是变化，而变化拥有众多敌人。

在需要做出巨大改变的时候，渐变是　　　　**杰克·韦尔奇**
没用的。如果改变不是足够的大。那
么人们就会深受官僚之苦。

不要允许那些敌视变化的人在基本事　　　　**美国谚语**
物方面擅用权力。

演变在混乱和秩序之间的分界线进　　　　**斯图亚特·考夫曼**
行。如果秩序太多，体系就会僵化，无
法再发生改变;但是如果混乱太多，体

系就会对以前发生的事情失去记忆。

舒适程度越高,对改变的抗拒也就越强。	**赫尔曼·西蒙**
改变自己的观点比忠实于自己的观点更需要勇气。	**弗里德里希·黑贝尔**
人类存在最本质的东西在于具有不迎合环境的能力。	**卡尔·海因里希·瓦格尔**
精神的天然构造是这样的:变化总是比静止更能疗养我们。	**恩斯特·冯·孚依希特斯雷本**
我们内心里有这样一种植物,它每次都带着恐惧和震惊超越地点改变的神秘,仿佛超越死亡一样。	**胡戈·冯·霍夫曼斯塔尔**
每个三十岁以下的人,如果对现存世界秩序有所了解,但却没有改变它的冲动,那么他就是一个劣等人。	**乔治·肖伯纳**
每一代人都需要一场新的革命。	**托马斯·杰斐逊**
作为消费者,人们热烈拥护新技术,但在工作间里,他们却抵制新技术。	**克劳斯·凯尔尼希**
今天的反叛者就是明天的独裁者。	**约翰纳斯·谢尔**
革命不是街垒战斗,革命是一种精神	**荷塞·奥尔特加-加赛特**

状态。

与其说一场革命是未来的工地，倒不如说是它过去的拍卖所。	**海米托·冯·多德勒尔**
永远不要怀疑致力于改变世界的一小群人的力量，事实上正是他们改变了世界。	**玛格丽特·米德**
在新秩序下接管旧关系，没什么比这更难做，执行时更危险，成功也更不确定的了。	**尼克洛·马基雅维利**
革命没有复数形式，革命总是唯一的。	**赫尔曼·西蒙**
大学生是社会的体温表。	**阿贝尔托·莫拉维亚**
随着年龄的增长，人会抗拒能带来根本性改善的变化，这是人的天性。	**约翰·斯坦贝克**
要在一个坚实的理念基础上策划变革。	**沃伦·本尼斯**
很多超前于时代的人都不得不在一种很不舒服的状态下等待时代跟上他们的步伐。	**斯坦尼斯洛·勒克**
热情的改革者们必须懂得，如果他们太超前于迟钝的大众，那么他们会被夺去一切权力。	**托马斯·伍德罗·威尔逊**
谁如果明白他的现实其实是由他自己	**保尔·瓦茨拉维克**

构建的,那么他就真正自由了。因为
他知道,他随时都可以改变他的现实。

变化必须由企业的领导层来推动,而　　威廉·维根霍恩
且必须从领导层开始。

当那些受到感染的人加入变革的计划　　沃伦·本尼斯
中时,这个变革将是非常成功的。如
果人们将变革强加于他们头上,那么
他们就会越发顽固地抵制新思想和新
观念。

如果一个人讲话速度太快、太慢,或者　　赫尔曼·西蒙
声音太小,那么不管他是多么聪明,他
想改变自己这个习惯都几乎是不可
能的。

教一个人阅读(哪怕是读报)和劝一个　　赫尔曼·西蒙
人戒烟一样的困难。

只有逆风才能扬帆。　　　　　　　　　汉斯·卡斯贝尔

如果你想改变人们,就必须首先爱　　　约翰·海因里希·佩斯塔
他们。　　　　　　　　　　　　　　　　洛奇

改变人们的一种方法是有区别地看待　　巴里·斯蒂文斯
他们。

改变公司员工的心态是所有战略性变革中所需时间最长的一项。	大前研一
对人们来说，做大的改变比做小的改变更容易。	狄恩·欧宁胥
想一想改变自己是多么困难吧，然后你就会明白改变他人的可能性是多么微乎其微。	雅克布·M. 布兰德
只有在车子已经开动之后，我们才需要转动方向盘。	艾米尔·戈特
迄今为止，我最大的失误在于没有行进得更快一些。	杰克·韦尔奇
成为一场变化的一分子，胜于停在原地为事物哀悼。	卡尔·拉格菲尔德
我当然不能说，如果事情改变了，就一定是变好了，但是我敢说，如果想要变好，就必须要改变。	格奥尔格·克里斯托夫·里希腾贝格
任何时候，只要有变化，就有机会。所以一个企业必须保持活力，而不是瘫痪停滞，这一点至关重要。	杰克·韦尔奇

执　　行

仅仅知道是不够的,还必须去运用;仅仅有意愿是不够的,还必须有行动。	约翰·沃尔夫冈·冯·歌德
理智不仅仅在于知识,还在于将知识转化为行动的能力。	亚里士多德
教育的最伟大目标不是知识,而是行动。	赫伯特·斯宾塞
我们从学习中最终保留下来的只有那些我们进行了实际运用的知识。	约翰·沃尔夫冈·冯·歌德
关键不是知识,而是知识的运用。	《塔木德》法典
人是为行动而生,不是为苦思冥想而生的。	让·雅克·卢梭
我们是我们自己的行动所生出的孩子。	弗兰茨·格里尔帕策
正如我们决定着我们的行动,我们的	乔治·艾略特

行动也决定着我们。

当你的行动替你说话时，不要打断它。	亨利·J. 凯泽

一个人最强大的影响力不在于他说了
什么，而在于他是怎样的一个人以及
他做了些什么。　　　　　　　　　罗曼诺·瓜尔蒂尼

我们活着——只有这个思想是有价
值的。　　　　　　　　　　　　　赫尔曼·黑塞

如果不去行动，善就无法成其为善。　艾利希·凯斯特纳

我们雅典人不把建议视为行动路途上
的阻碍，而是将其视为理智行动的
前提。　　　　　　　　　　　　　伯里克利

有人等待时代发生改变，有人则带领
时代开始行动。　　　　　　　　　但丁·阿里格耶里

愚蠢无聊的人谈论蠢事，聪明人自己
去干蠢事。　　　　　　　　　　　玛丽·冯·艾伯纳-艾欣
　　　　　　　　　　　　　　　　　巴赫

把想象变成事实，这是成功的秘诀。　亨利·瓦尔德·毕察

不是你之所是，而是你之所为，才是你
永远不会失去的财富。　　　　　　弗里德里希·黑贝尔

知易行难。　　　　　　　　　　　中国谚语

想法本身是留不住的,必须做点什么来留住它们。	**艾弗雷德·诺斯·怀特海**
如果你认为什么事情是正确的,那你就应该去做。	**赫尔曼·黑塞**
通往幸福的钥匙是拥有梦想,通往成功的钥匙是将梦想变为现实。	**美国谚语**
我们不仅仅要对我们所做的事负责,还要对我们没做的事负责。	**伏尔泰**
只有在实践中才能真正学习到新的真理。	**约翰·鲍威尔**
要想认识自己,就必须行动。	**阿尔贝·加缪**
不产生行动的知识就好比不生产蜂蜜的蜜蜂。	**约翰·赫尔德**
我不转弯抹角地击球,而是长驱直入。	**一位有五年经验的桌球运动员**
良好的开始是成功的一半。	**海因里希·海涅**
我最大的错误在于没有前进得更快一些,我本来用一半的时间就可以完成这些改变的。现在回头看,我当时太怯懦了,老是想尽可能多地寻找拥	**杰克·韦尔奇**

护者。

蠢人直到最后一刻才做的事情，聪明人在正确的时机就做了。	**海纳·利普纳**
说"这件事没办法做"的人，不应该打扰那些正在做这件事的人。	**美国谚语**
长远来看，人们总是通过一个人的行动来对他加以判断，漂亮的言辞和礼貌一般来说只在瞬间有效。	**威廉·海涅**
理论和实践之间有区别吗？有的，这种区别存在于事实中。	**维尔纳·米茨**
话语只能给出许诺，只有行动才能决定一切。	**罗塔尔·施密特**
方式要温和，行动要坚决。	**拉丁语格言**
能够证明你的能力的东西只有一样：行动。	**玛丽·冯·艾伯纳-艾欣巴赫**
行动所表达的东西比嘴巴所说的更令人信服。	**日本谚语**
只说不做的人，就像干打雷不下雨。	**萨勒蒙斯谚语**
行动是果实，话语只是枝叶。	**希腊谚语**

| 话语和行动之间隔着汪洋大海。 | 意大利谚语 |

世人只看重结果。不要谈论你做了什么样的努力，只要给他们看看你的成果就行了。　　　　阿诺尔德·格拉索夫

良好的计划是一匹马，人们经常给它备上马鞍，但却很少真正骑上它。　　　　墨西哥谚语

世界上没有比从良好的设想到良好的行动之间更漫长的距离。　　　　挪威谚语

普通人总是等待着某些事情会发生在他们身上，而从不着手工作去让这些事情发生。　　　　A. A. 米尔尼

德国人有能力做伟大的事情，但是他们却极少去做。　　　　弗里德里希·尼采

在执行过程中产生问题通常不是因为人们不知道该做什么，而是因为人们根本不去做。　　　　赫尔曼·西蒙

别人认为你做不了的事情，只要你努力去做，就会发现你能够做成。　　　　亨利·戴维·梭罗

能干的人做事，无能的人教诲别人。　　　　乔治·肖伯纳

拖延一件事就等于放弃一件事。　　　　彼得·F. 德鲁克

设想总是良好的，但实现却总是很困难。	**约翰·沃尔夫冈·冯·歌德**
只有那些我们一拖再拖的工作才会让我们觉得累，而我们正在做的工作却不会让我们觉得累。	**玛丽·冯·艾伯纳-艾欣巴赫**
做事情越来越难，而阻碍事情却越来越容易。	**曼弗莱德·隆美尔**
未来的头脑应该是一个面向未来、面向行动的头脑。	**戴德莱夫·B.林克**
拿出时间来思考，但是当行动的时刻到了的时候，停止思考，开始行动吧。	**拿破仑·波拿巴**
三思而后，果断行动。	**列奥·B.赫尔策**
凡是人类能够想象到的一切事情，都是可以去做的。	**威恩海尔·冯·布劳恩**
人们缺少的不是力量，而是意志。	**维克多·雨果**
当一个人为自己的利益而战斗的时候，他会比为权利而战更英勇。	**拿破仑·波拿巴**
"不能"只是借口，"不愿"才是真正的原因。	**塞涅卡**

我们听到过多少杜撰出来的成功故事啊,因为讲故事的人总是不知道如何为自己开脱才好。	**迈克尔·勒伯夫**
所有成功人士的共同特点是具有一种能够把决策和执行之间的鸿沟压缩到最小的能力。	**彼得·F. 德鲁克**
那些我们坚持去做的事情会变得越来越容易。并不是事情本身的性质发生了变化,而是我们做事的能力在这个过程中提高了。	**拉尔夫·瓦尔多·爱迪生**
我们醉心于过程和最后的结果,以至忘了实施。	**拉尔夫·瓦尔多·爱迪生**
让人难以置信的是,要把一次行动转变成一个思想是多么困难。	**卡尔克·劳斯**
如果你做蠢事,至少做得成功点。	**彼得·里特曼**
您可以做任何您想做的事,但请您做得正确些。	**克劳斯·格罗曼**
您已经走上了正确的道路,只是方向错了。	**彼得·德拉海姆**
己所不欲,勿施于人。	**孔子**

世界上最好的改革者是那些从自己身上开始改革的人。	**乔治·肖伯纳**
我进行探险活动的动力来自对自己的想法和实现这个想法的热情。	**莱因霍尔德·梅斯纳尔**
想干大事业的人，必须放弃自己还能够享受到这个大事业所带来的好处的愿望。	**腓特烈大帝**
千里之行始于足下。	**中国谚语**
哪怕是最伟大最富革命性的行动，其秘密也在于找出那战略性的一小步，这一小步为后来的每一步都奠定了良好的基础。	**古斯塔夫·海纳曼**
对于任何工作来说最重要的都是：无论如何得着手开始。一旦开始，事情也就开始运行了。	**卡尔·希尔迪**
要在当天就着手实施！	**罗伯特·H. 沃特曼**
战术，这是实干家对战略家们的统治所进行的反抗。	**赫尔曼·西蒙**
为了以后能够软一些，现在必须强硬。	**杰克·韦尔奇**
说了不等于被听到了，听到了不等于	**康拉德·罗伦兹**

被理解了,理解了不等于被同意了,同意了不等于被执行了。

实施战略的唯一最大的障碍是勇气。　　**戴维·H. 麦斯特**

你可以制定出世界上最好的战略,而这个战略 90% 的内容在于如何执行它。　　**艾尔弗莱德·布里坦**

一个现在就强有力地加以执行的好计划,胜过一个下星期才执行的完美计划。　　**乔治·S. 帕通**

事物的关键

事物的关键

事物的关键在于人的个性。当我对那些被称为"隐形冠军"的并不非常出名的小型企业的成功进行分析时,我发现最关键的一个因素在于这些企业的领导者的个性。如果你在大街上与这些人相遇,你会发现他们毫不起眼。他们彼此各不相同,就像我们大部分人彼此各不相同一样。他们中有些人性格外向,能言善辩,善于交际;另一些人却显得沉默寡言,甚至害怕和人交往。尽管如此,这些人都在事业上取得了巨大的成功。

那么,什么是个性呢?在拉丁语词源中,这个词表示"人的性格、角色",也表示"演员戴的面具"。很多智者从这个角度加以阐述,试图深入到表面含义的背后,挖掘其核心的意义。个性意味着本质,意味着不受他人喝彩与否的影响,意味着信念,意味着伟大。鉴于标准如此之高,所以真正有个性的伟大人物非常稀少也就并不奇怪了。你也许会问:我们能遇到多少能留给我们深刻印象的伟大人物?他们都是谁?这样一数,算得上伟大的人就没几个了——正如艾里亚斯·卡内蒂所认为的那样,这样的人几千个人里可能只有几个。而且,如果我们再走近一点去观察,或者如果我们能够足够了解他们的话,就连这几个人可能也很难通过苛刻的考评。个性非凡的伟大人物和杰出的领导人还存在一种神秘性。耀眼的星如果彼此靠得太近的话就会灭亡。

要想成为个性非凡的伟大人物,首先要从自己身上开始。用现代流行的话说,就是要自我管理。在这个领域,我们会见到大量充满智慧的箴言。首先要思考自己的核心所在——这种说法在这个领域同样有效。但是自己的核心在哪儿？这个问题并不容易回答。还有什么比真正的自我认识更难的事情吗？当问题涉及自己的个性的时候，聪明才智和批判能力似乎都失效了。但是我们欢迎那些数量众多的建议，这些建议从设定充满野心的目标，到培养自信，到掌握自我嘲讽的能力。不过说起来容易做起来难。即使是最明白易懂的道理，比如叔本华对健康的建议，也往往很难得到彻底的贯彻。人人都知道健康是头等大事，但是在日常生活中，人人都在不停地损害着自己的健康——通过压力、卡路里、尼古丁和酒精。我们的自我管理看来进行得不太好。

既然连自己都管理不好，我们又怎么能去领导别人呢？难道领导别人更容易一些吗？这完全有可能，因为我们还不知道什么是领导。领导者究竟应该走在被领导者的前面呢，还是应该如老子所说，走在被领导者的后面？就连研究管理和领导问题的专家，比如亨利·明兹贝格和沃伦·本尼斯也承认在管理中存在着许多不可捉摸的神秘现象，一种无法完全解释清楚的所谓"X因素"在其中起着作用。领导者们知道或者猜到了我们心中秘密的愿望吗？领导和被领导的过程是通过心还是通过大脑进行的？所有这一切是不是意味着，领导能力不能通过学习来获得，而是天生的呢？我倾向于回答：是的。

现代管理不是通过强制，而是通过沟通进行的。有效的沟通能力从来没有比今天更加重要过。话语的力量早在《圣经》中就得到了最好的证明。但直到今天，我们在日常生活中还有待去追求真正简单明了的沟通。和美国的情形不同，德国的教育体系对学生沟通能力的培养没有给予足够的重视。因此我特别推荐与这个主题相关的这一组箴言。这组箴言中包括了与沟通有关的一切根本问题和当今被称为"知识管理"这方面的一切应该了解的内容。那些缺少这方面的考虑的人会让我们想起本杰明·迪斯雷里的一句话："我们用话语统治他人。"

伟 大 人 格

你可能认识三四千人，但你可能只谈论其中的六七个。

艾里亚斯·卡内蒂

领导人物的道德品质对于一代人和一个历史时期来说，也许比纯粹智力成就的意义更加重大。

阿尔伯特·爱因斯坦

推动时代前进的是个性，而不是原则。

奥斯卡·王尔德

只有正在做事的人才具有个性。

马克斯·韦伯

成为一个人意味着个体自觉自愿地展示他内在、真实的一面，不再伪装。他不会夸大自己，并为此惶惶不安，以吹嘘来撑脸面；他也不会贬抑自己，为此自卑自责。他会越来越重视自己心理与情感最隐蔽的角落，以极大的洞察力和深度，渐渐发现自己纯粹的自我。

卡尔·罗杰斯

一个事件若想具有伟大意义，必须具

弗里德里希·尼采

备两个因素：推动事件的人必须具有伟大的意识，经历事件的人也必须具有伟大的意识。

要成就伟大的事业，必须且只能有少数几个人，其他的众人只是被召集起来，我们可以将之称为说服或者支配。

格奥尔格·克里斯托夫·里希腾贝格

只有那些有信念的人才能让别人信服。

约瑟夫·儒贝尔

一个人的真正的伟大体现在三个方面：策划时大气磅礴，行动时充满人性，成功时不骄不躁。

奥托·冯·俾斯麦

独自承担自己的行为的责任，独自承担这些行为的哪怕是最沉重的后果，正是这种素质构成了伟大人格的关键。

里卡尔达·胡赫

强大的人总是最孤独的。

弗里德里希·冯·席勒

世界上最强大的人是那些独自挺立的人。

亨利克·易卜生

区分真伟人和假伟人最保险的办法是：所有真正伟大的人都具有幽默感。

路德维希·莱纳斯

所有能给我们留下深刻印象的事物都一定是极富个性的事物。

约翰·沃尔夫冈·冯·歌德

所有伟大人物都是谦虚的。	**戈特赫尔德·艾弗莱姆·莱辛**
如果一个人的智慧已经被认可,那么即便他有未经思考的言行,人们也会认为,他的这种言行里有大众无法理解的深意。	**约翰·彼得·赫伯尔**
原创性必须是本身就具有的,而不是追求来的。	**弗里德里希·黑贝尔**
成熟就是不再沉溺于自我。	**海米托·冯·多德勒尔**
独立自主意味着保持一种距离,在这个保持距离的过程中始终存在痛苦。	**汉斯·阿恩特**
人格就是当一个人被拿走了职位、勋章和头衔之后身上还剩下的东西。	**沃尔夫冈·赫布斯特**
一个伟大的人同时具备两种能力:把琐事当琐事处理,把重要的事当重要的事处理。	**戈特赫尔德·艾弗莱姆·莱辛**
一个人的思想有多伟大,他的人格就有多伟大。	**拿破仑·希尔**
很少有人具有足够的美德能够抗拒高价的诱惑。	**乔治·华盛顿**

我们整个一生都在期待着遇见出类拔萃的人，却从不尝试去把我们身边那些寻常的人改变成出类拔萃的人。

汉斯·乌尔斯·冯·巴尔塔萨

小人物总是首先考虑什么会阻碍他们，于是他们由于胆怯而不敢付诸行动。自我怀疑使他丧失了信心，再也看不到那个崇高的目标。但是在行动上真正称得上伟大的是那些人：他们的目光从来不曾从全局偏离，他们能够从正在做的事情中找到一种力量，使他们充满自信地抵达目标。

佚名

人们尊敬那些按原则行事的人，但却不喜欢他们。

提奥多·戈特利布·冯·希伯尔

每个人身上都有某种别人身上没有的珍贵的东西。

马丁·布伯

我们的自我就仿佛河流，虽然始终保留着原来的名字，河里流动着的水却已经变了。

卡尔·尤利乌斯·韦伯

我们每个人身上都有某种电磁般的力量，这种力量像磁力本身一样，既相互吸引，又相互排斥。

约翰·沃尔夫冈·冯·歌德

时势造窃贼,时势也造英雄。	**格奥尔格·克里斯托夫· 里希腾贝格**
已经是个大人物的人,会被所有那些 想成为大人物的人敌视。	**理查德·绍卡尔**
必须把原则举得高一点,以便在必要 的时候能从它的下面钻过去溜走。	**米歇尔·霍尔拉赫**
有钱的时候很容易有原则,重要的是 在贫穷的时候也有原则。	**雷·A. 科罗克**
简单是成熟的结果。	**弗里德里希·冯·席勒**
以复杂的方式看待复杂事情的人比比 皆是,能够从复杂事情中提取出最重 要的两三个点的人却很少见。	**赫尔曼·西蒙**
人格意味着一种能够独自跋涉的 能力。	**佚名**
没有任何一个诚实地叩问自己内心最 深处的意识的人还愿意把他在这个世 界上的角色再重新扮演一遍。	**乔纳森·斯威夫特**
在特殊情况下,我们有可能要接受一 些超出自己能力的任务的挑战,而那 些对此没有思想准备的人,就连在他	**C. C. 麦金托什**

能力范围之内的事情也永远做不了。

| 觉得自己被大材小用了的人，不会被 | 雅克·塔蒂 |
| 委以重任。 | |

一流的人只能容忍一流的人，二流的   恩斯特·马丁
人却只能容忍三流的人。

只有平庸的人才总是处于最佳状态。   威廉·萨莫塞特·毛姆

平庸的人在优秀的人面前总是处于紧   玛丽·冯·艾伯纳-艾欣
急自卫的状态。   巴赫

弱者的意志力被称为顽固。   玛丽·冯·艾伯纳-艾欣
                                   巴赫

一切顽固的根基在于意志被迫取代了   阿图尔·叔本华
认识的位置。

对很多富有创造力的人来说，生活就   D. B. 沃利斯 & H. E. 格
是工作。   鲁伯

我和疯子之间的区别是：我没有疯。   萨尔瓦多·达利

我们需要很长很长时间才能变得年轻。   帕布洛·毕加索

热爱自己的职业的人，等于在持续不   约瑟夫·维克斯贝格
停地做着青春保养。

在几乎无法再坚持的时候坚持下去，   拿破仑·希尔

就会取得胜利。

大海上风平浪静的时候,每个人都能掌好舵。	美国谚语
人不知而不愠,不亦君子乎。	孔子
一台机器干不了五十个普通人干的活,而任何机器都干不了一个杰出的人干的活。	艾尔伯特·哈伯德
谁自认为已经是个大人物了,谁也就停止了成为大人物。	耶稣会教士的话
大千世界中,没有什么东西比无所谓的态度更不在乎人们是否喜欢它。	玛丽·冯·艾伯纳-艾欣巴赫
伟大人格就是不为群众的喝彩所动。	赫尔曼·西蒙
即使是最谦虚的人,他对自己的评价也比他最好的朋友对他的评价要高。	玛丽·冯·艾伯纳-艾欣巴赫
我们是如此虚荣,乃至连那些我们根本不放在心上的人的意见也会影响我们。	玛丽·冯·艾伯纳-艾欣巴赫
最健康、最美丽、最匀称的人是那些喜欢一切事物的人。一旦他有了缺陷,他立刻也就有了自己的看法。	格奥尔格·克里斯托夫·里希腾贝格

人根本没有任何性格,如果他想有一种性格,他永远只能去接受一种。　　格奥尔格·克里斯托夫·里希腾贝格

什么是一个人身上最讨我们喜欢的东西? 是他对我们的喜欢。　　保罗·李

做个有棱角的东西,至少比做个圆滑的虚无要好。　　弗里德里希·黑贝尔

先让自己不受欢迎,然后你才能受到认真对待。　　康拉德·阿登纳

狂妄自大是自卑情结的一种反应。　　让·罗斯丹

当一个人正在用激情做事的时候,不要信任他。　　菲利普·多默·斯坦霍普

每一个在公众中特别受拥戴,特别能够影响公众情绪的大人物,他同时一定也是在依赖那种环绕着他的玄虚而活着。　　理查德·穆希

所有在政治上取得成功的大人物,他们的头脑里都只有一个想法,他们不过是把这个想法简化成了一句口号而已。　　佚名

所有那些有吸引力的人,他们的内核　　奥斯卡·王尔德

都是腐烂的。这是他们的吸引力的秘密所在。

沉默寡言总是给人深刻印象,因为人们很难相信他的沉默中没有隐藏着什么重要的秘密。

玛丽·冯·艾伯纳-艾欣巴赫

对人类来说,没什么事是不可能的,无论是好事还是坏事。

克里斯蒂安·莫根斯戴恩

装模作样的人,往往是从来没做过什么重要事情的人。

佚名

专心致志做事的人,是唯一能够真正取得成就的人,因为他们在执行"使命"。任何时候,事情总是由那些富有使命感的执着之人完成的。

彼得·F. 德鲁克

一个善于把握机会的人是这样的人:当他失足跌进温水池中的时候,他就立刻决定洗个热水澡。

美国谚语

真正伟大的个性会将自己的心灵提升到一个任何侮辱都无法触及的高度。

勒内·笛卡儿

每个人都必须拥有他自认为应该具有的那种勇气。

亚历山大·洪堡

奢侈的升级：自己的汽车，自己的别墅，自己的观点。	维斯洛·布鲁金斯基
有些人，当别人表达自己的看法时，他们总是觉得受到了侮辱。	克里斯蒂安·摩根斯特恩
人群之中，复制品总比原件要多。	帕布洛·毕加索
要想成为羊群中的一个完美无瑕的成员，首先要成为一头羊。	阿尔伯特·爱因斯坦
人生下来时都是原创，死去的时候却都是复制品。	阿纳托尔·法朗士
决不能让现任提名他的继承者，否则你得到的将只是一堆软弱无能的复制品。	艾尔弗莱德·斯隆
只有在成为主人的时候，人才能拥有自己的原则。	理查德·绍卡尔
我们在生活中所需要的全部东西就是：狂妄和自信。	马克·吐温
愤世嫉俗主义是统治性观点的嘟嘟囔囔的附庸品。	汉斯·卡斯贝尔
出类拔萃的经理人像艺术家一样是天生的，而不是被制造出来的。	保尔·B. 考夫曼

领袖是被制造出来的,并且常常是被
自己制造出来的,不过有一对好父母
通常也是很有帮助的。

沃伦·本尼斯

一个不同寻常的好的经理人,其不同
寻常的成分常常是多于好的成分的。

赫尔曼·西蒙

宣称自己在公司里面是不受限制的主
人的那些经理人,在别的场合也同样
会撒谎。

赫尔曼·西蒙

如果一个人不喜欢吃的东西很多,不
能忍受的事情很多,那就必须坚决让
这个人靠边站。

约翰内斯·格罗斯

不伟大的人乐于让自己变得更宽广。

艾里希·布罗克

如果一个人的马从不脱缰,那么他骑
的一定是一匹木马。

弗里德里希·黑贝尔

自认为自己在控制着局面的人,事实
上只是在与局面并排存在。

弗里德·伯依特洛克

坐在高头大马上的人,通常是那些不
懂骑术的人。

艾里希·布罗克

当我们越来越了解一个人的时候,我
们总会发现这个人变得多么平庸!就

艾里亚斯·卡内蒂

好像他跟我们对他的过高期待有仇
似的。

没有比那些对任何事情都没兴趣的人　**约翰·梅森·布朗**
更无趣的人。

自 我 管 理

你希望自己表现出什么样子,那就去
成为那个样子的人!

苏格拉底

成就通常是一个人不断提高自己的抱
负和期望的产物。

杰克·尼克劳斯

生活中有个有趣的现象:如果你除了
最好的什么都不要,那么你常常真的
能够得到最好的。

威廉·萨莫塞特·毛姆

入不敷出,这样你才能被迫努力工作,
被迫去取得成功。

爱德华·G. 罗宾逊

远离那些企图贬低你的野心的人。小
人物总是这么做,但是真正的大人物
却会让你觉得,你也能成为他那样的
大人物。

马克·吐温

只有从最好的人那里,你才能学到最
好的东西;如果和差劲的人打交道,那

第欧·艮尼

么就连你原来拥有的理智也会很快丧
失掉。

如果你给自己定价很低，放心好了，别　　　　　**佚名**
人不会抬价的。

第一条原则：不要失败。第二条原　　　　　**沃伦·巴菲特**
则：不要忘记第一条原则。

人的一切力量都是在与自己搏斗并超　　　　　**约翰·戈特利布·费希特**
越自己的过程中获得的。

用你手上现有的木头雕刻出你的　　　　　**列奥·托尔斯泰**
生活。

尽你所能做到最好，因为这是你唯一　　　　　**拉尔夫·瓦尔多·爱默生**
能做的。

能够控制自己的人，也能控制整个　　　　　**罗伯特·克劳茨**
宇宙。

当你想到有多少人走在你前头的时　　　　　**塞涅卡**
候，也要想想，有多少人还跟在你
后面。

在任何情况下都能保持镇静，毫不慌　　　　　**托马斯·杰斐逊**
乱。没有任何东西比这种素质更能赋
予一个人领先他人的优势。

不要试图超越别人，去超越自己吧。　西塞罗

能下定义的人永远掌握一切。　伊万·沃尔弗斯

永远不要去做你认为自己力不能及的事情。　伯纳德·M. 巴鲁赫

没有人在临终前回顾自己一生的时候会说："如果我把更多的时间花在了办公室里该多好啊。"　《国际先驱论坛报》

过一种有规律的生活是很困难的事情，唯一比这更加困难的事情是去强迫别人也过这种生活。　马塞尔·普鲁斯特

我们成熟以后所获得的最糟糕的经验之一是：我们不能推动任何其他人，而只能推动自己前进。　胡戈·冯·霍夫曼斯塔尔

自嘲者，不会被别人嘲笑。　托马斯·富勒尔

谦虚是一种会被人们赞美的品质——如果人们真的能有机会听说这个谦虚的人的话。　爱德加·华生·豪

如果你总是沉默不语，不引人注意，那么别人就无法吃透你。如果你做事总是准确而井井有条，那么别人就无法　佚名

扰乱你。

彻底的诚实是通往原创性的道路。	夏尔·波德莱尔
诚实也许是一种最不容易辨认出来的勇敢形式。	威廉·萨莫塞特·毛姆
人应该爱真理胜于爱自己，爱邻人胜于爱真理。	罗曼·罗兰
自足的确是人能够希冀的最高境界。	巴鲁赫·德·斯宾诺莎
当我们知道别人如何看待我们的时候，我们总是有所收获。	约翰·沃尔夫冈·冯·歌德
应该就你自己比较了解的事情去询问你身边的人，这样你才能得到真正有价值的建议。	卡尔·克劳斯
此刻的我悲伤地向我想要成为的那个我致敬。	卡尔·拉纳
若想闯荡世界，必须带上大量的谨慎和思虑作为装备。	阿图尔·叔本华
永远只看事物好的一面，这个习惯比物质的富足更有价值。	大卫·休谟

只要你还能控制自己，你就还是自由的。	玛丽·冯·艾伯纳-艾欣巴赫
自由不是去做爱做的事情，而是去爱正在做的事情。	日本谚语
去做让你感到恐惧的事情，恐惧会离你而去。	戴尔·卡耐基
那些你不爱做的事情，你应该最先去做。	赫尔曼·西蒙
太轻易承认自己的错误的人很少能够取得进步。	玛丽·冯·艾伯纳-艾欣巴赫
人们总是期待女人做起事来比男人少花一半时间，却多做一倍事情，并且还不求赞美。幸运的是，这并不难做到。	夏洛特·慧顿
人们通常都是做得不如想得多，人们只能这样生活。	艾里亚斯·卡内蒂
欺骗别人是危险的，因为到最后你欺骗的总是你自己。	爱莲诺拉·杜丝
有不良言谈习惯的人，自己很少会意识到这一点。	赫尔曼·西蒙
人们能够容忍别人对那些他们做得很出色的事进行批评，却不能容忍别人	沃尔夫·施尔马赫

批评那些他们做不好的事。

大部分人宁肯在赞美声中被毁灭，也
不愿意在批评声中获救。　　　　　　　　**美国谚语**

你胜利地完成了的那一小块地方是你
的荣誉场，而你没有完成的绝大部分
地方，则是你的耻辱柱。　　　　　　　　**佚名**

我不是把精力和时间花在争论上的那
种人。　　　　　　　　　　　　　　　**理查德·布兰生**

要想成为一个伟大的冠军，你必须首
先相信自己是最棒的。即便你不是最
棒的，也要装作是。　　　　　　　　　**穆罕默德·阿里**

有两种东西最能够赋予心灵以力量：
对真理的信任和对自己的信任。　　　　**塞涅卡**

人越来越贫瘠，因为他忘记了如何赞
美自己。　　　　　　　　　　　　　　**依弗琳·渥夫**

我们已经遇到敌人了——那就是我们
自己。　　　　　　　　　　　　　　　**沃尔特·凯利**

人一点点地堕入懒惰之中。起初，懒
惰只是像网一样束缚你，最后却像链
子一样捆绑你。一个人要做的事情越　　**托马斯·巴克斯顿**

多, 他能够取得的成功也就越多。

无知者对任何事都自信满满。 **佚名**

一个处理不好和自己的关系的人, 也 **莱因霍尔德·麦斯纳**
别指望他能处理好和别人的关系。

人们想要对自己隐瞒一些事实, 最后 **佚名**
却总是发现, 正是这些事实对他们最
有影响。

只有肤浅的人才能认识自己。 **奥斯卡·王尔德**

只有少数人以理性指导生活。其他人 **塞涅卡**
则像湍流中的泳者: 他们不确定自己
的航程, 只是随波逐流。

你可能会问: 为什么逃避对你没有任 **塞涅卡**
何帮助? 因为你在逃避的时候把自己
也带走了。

错不在事情, 而在我们自身。 **塞涅卡**

四处为家的人没有家。 **塞涅卡**

保持平衡是生活中最成功的运动 **弗里德·伯依特洛克**
方式。

老是指点着自己的权利的人, 只能得 **弗尔克·施隆多夫**

到受伤的手指。

"该来的总会来的"，这是所有懒汉的借口。	**威廉·拉贝**
问题不在于你工作多少个小时，而在于你在这个过程里承受着什么样的压力。10 个小时没有压力的工作要好过 8 个小时压力很大的工作。	**迈耶·弗里德曼**
一个人问："下一步是什么？"另一个人却只是问："这是正确的吗？"于是自由的人和奴隶之间的区别就显现出来了。	**提奥多·斯托姆**
事必躬亲是没有天赋的人的标志。	**理查德·绍卡尔**
当事情与自己有关的时候，人的智商会下降百分之五十。	**赫尔曼·西蒙**
行动上的忙碌不休是思想静止的标志。	**约瑟夫·施密特**
通过勤奋实践而变得能干的人多于天生能干的人。	**德谟克里特**
最保险的成功方式是给别人传达这样一种印象：他们帮助你对他们自己是	**让·德·拉·布吕耶尔**

有好处的。

生活艺术就是化解压力的能力。 　　　　　　　**马塞尔·马特**

我们的幸福十之八九是建立在健康的 　　　　　**阿图尔·叔本华**
基础上的。由此可以得出结论：最愚
蠢的事情就是牺牲健康，无论是为了
什么目的：利益也好，博学也好，荣誉
也好，晋升也好。我们应该把所有这
些东西都排在健康后面。

进行体育运动的人，他的生活会从根 　　　　**约瑟夫·内克尔曼**
本上变得更轻松。

忙得没有时间关心自己的健康的人， 　　　　　　**西班牙谚语**
就像没有时间保养自己的工具的
工匠。

早起早睡使一个人健康、富有、乏味。 　　　　**詹姆斯·瑟伯尔**

永远都要在鞋子和床上多花点钱，因 　　　　　**英国军队训诫**
为任何时候，你不是在穿着鞋子就是
躺在床上。

预防经理人生病的最好办法就是雇一 　　　**费迪德·绍尔布鲁赫**
个好秘书。

把多余的椅子和舒适的东西从你办公 　　　**迈克尔·勒伯夫**

室里搬出去！

如果你的工作需要在单独的环境下完成，那么就关上门。敞开的房门是在邀请走廊里闲逛的人走进来寻找舒适。　　　　　　　　迈克尔·勒伯夫

如果有人要同你谈话，那就到他的办公室去谈，这样你才可以把交谈的时间掌握在自己手里。　　　　迈克尔·勒伯夫

如果你说"抱歉，我没有时间生病"，那么任何疾病都会产生深深的敬畏。只有在那些会被舒舒服服地接受、爱护和照顾的地方，疾病才会做窝。　　提奥多·戈特利布·冯·希伯尔

管 理 和 领 导

欲先民也,必以其身后之。	老子
事实上,经理人和科学家们对于管理学的本质都还一无所知,也就是说,他们完全不知道为什么有些人在服从,而另一些人在领导。这真是个讽刺。管理是一个神秘的现象。	亨利·明兹贝格
我们越是缺少领导能力,越渴望能够获得这种能力。	沃伦·本尼斯
领导者就是一个能带领你到达你自己无法到达的地方的人。	朱尔·A. 巴克
管理意味着带领别人去做他们自己做不到的事。	赫尔曼·西蒙
但还不止这些,管理中还存在着一个"X 因素",这个"X 因素"是精髓所在。一个好的领导能够知道我们的需	沃伦·本尼斯

求，并且在他/她的所有言行中表达出我们不曾言明的梦想。

只有能撼动人心的人，才能撼动世界。	**恩斯特·维歇特**
领导能力的核心是个性。	**沃伦·本尼斯**
你管理的是事物，但领导的是人。	**沃伦·本尼斯**
见鬼，你为什么老是不停地抱怨仆人？朋友，你的仆人非常懂得如何为你服务，但是你却不懂得如何下命令。	**海因里希·冯·克莱斯特**
管理艺术是所有艺术中最富创造力的，它能够真正展示天赋。	**罗伯特·麦克纳玛拉**
管理的基本任务是要使人更有效率。	**彼得·F. 德鲁克**
企业管理不是技术性的，而是人性化的。它取决于你如何理解人们对于各种具体商业行为的反应，而这些群体的行为方式总是在或快或慢地发生着变化。	**查尔斯·I. 格拉格**
魅力超凡的领导能力在于能够激励下属比他们自己所预期的更好地完成任务。幸运的是，动力的一部分来源于相信自己的领导是一个有道德的人。	**《华尔街日报》**

领导是一门艺术,是需要花时间去学
习的,而不仅仅是读几本书的事。对
于领导艺术来说,随机性胜于科学性,
编织各种关系胜于搜集各类信息。

马克斯·德·普雷

谁想领导别人,谁就必须是一个实践
者和现实主义者。但他说的却必须是
理想主义者和预言家的语言。

埃里克·霍弗尔

理性和判断力是领导者必备的素质。

塔西陀

只有当追随的人群已经存在的时候,
才能产生出领导者。

路德维希·马尔库塞

功成事遂,百姓皆曰:"我自然。"

老子

政治领袖通常是这样一种人:他不能
确定究竟是他在领导他的追随者们,
还是他的追随者们在推动他。

罗塔尔·施密特

所有统治者的压力都很大,因为他们
必须设法让人们的行动看起来好像是
出于自愿的。

威廉·海因泽

把一个令人绝望的人推选为领导并不
是一件好事。

弗里德里希·冯·席勒

历史专业的大学生常常能够成为领

罗莎贝丝·M. 康特

导,这难道是巧合吗?

如果你期待着别人跟随你走你的道路,那么你就必须担当起领导的重任。	**赫尔穆特·施密特**
我首要的任务是当催化剂,因为我把各种人和各种形势整合在一起。	**阿尔曼德·哈默**
管理他人就意味着知道他人想要什么。	**托马斯·艾尔温**
管理他人意味着把他人变得更伟大,而不是更渺小。	**赫尔曼·西蒙**
如果一个人不能管理好自己,他又怎么能够管理别人呢?	**赫尔曼·西蒙**
一个不会指挥自己的人,也无法指挥他人。	**威廉·潘**
如果想要领导别人,就不能在意他人的看法。	**赫尔曼·西蒙**
管理学不是别的,只是一种激发他人之动力的艺术。	**里·艾科卡**
永远不要告诉别人该怎样做事,只要告诉他们该做什么就行了,他们会用他们的独创性给你一个惊喜的。	**乔治·S. 巴顿**

要么领导他人，要么服从领导，否则请靠边站。	蒂德·特纳
领导者的速度决定着团队的效率。	美国谚语
只有那些有责任感的人才能不负责任地行动。	汉斯·约纳斯
领导他人就是要在一言一行中以身作则。	彼得·苏恩
以身作则首先意味着身先士卒。	汉斯·库祖斯
世界上很少有什么东西能比从一个好的例子中产生出的无声的敦促更让人厌烦。	马克·吐温
没有任何一个身处业务高层的人还能够随时敦促自己保持清醒。	托马斯·B. 麦克考雷
领导者通过与员工沟通愿景和方法而达成他的目标。	列奥·B. 赫尔策
有权威的人一定也是教育家。	沃伦·本尼斯
教育学的一个主要任务是教人如何不被察觉地领导别人。	克里斯蒂安·摩根斯特恩
最有价值的经理人能够把别人培养成	罗伯特·G. 英格索尔

胜过自己的人。

领导能力就是能够在压力之下保持镇定。	**佚名**
在恶劣形势下不能扮演好自己的角色的人，这个角色肯定不合适他。	**君特·弗尔拉特**
两个船长会让一艘船沉没。	**土耳其谚语**
管理的最基本任务是通过为人们设置一些共同的目标和价值观，给人们建立组织结构和持续学习和发展的可能性，并由此带领人们进入一种集体取得成绩的状态。	**彼得·F. 德鲁克**
要让将军和队伍保持朝同一方向行进，就需要不停地诱导，在队列中不停争吵——从资金的分配到营销运动到地理上的优劣，无所不包。	**安德鲁·格罗夫**
风平浪静的时候，人人都能做舵手。	**中国**
只有在风暴中才能看出好的舵手。	**塞涅卡**
在任何一家好的公司里，员工都必须有选择不同立场的可能性。但是当找到了一个解决方案或者确定了一项计	**沃尔夫冈·莱茨勒**

划的时候，所有人——当然也包括那些先前持不同意见的人——都不仅仅要一致接受决定并且开始执行，而且还必须要求自己完全赞同这个决定。

委员会是这样一群人：他们被毫不情愿的人推选出来，毫无准备地做着毫无必要的事情。　　　弗莱德·艾伦

议员是一些好男人，议院却是一头野兽。　　　　　　　　　拉丁语格言

信任是好的，监控却更好。　　弗拉基米尔·I. 列宁

信任所有人和不信任任何人，两者都是错误的。但是，尽管后者可能更安全一些，前者却更值得尊敬。　塞涅卡

要对每个人都友好，但不要信任成千上万人中的任何一个。　《圣经：德训篇》

过于轻信和过于怀疑是一对邻居。　威廉·布什

领导工作的任务不是赋予人性以伟大，而是从人性中提取伟大，因为伟大本来就已经存在于人性中了。　约翰·布坎

领导者就像老鹰，他们从不成群结队，　　　　　　　　　　美国谚语

你每次只能看到他们中的一个。

我在工作中遵循着一个原则：凡是能
让别人替你解决的事情，绝不自己
去做。

约翰·D. 洛克菲勒

把任务派发下去，这就意味着不再去
监督人，而只是监督他们的成果。

B. C. 福布斯

有人曾经半开玩笑地把经理描绘成这
样的人：他得去接待客人，这样其他
人才能完成他们的工作。

亨利·明兹贝格

好的领导者是这样的人：他会凭借准
确的直觉挑选出一些人，让这些人去
做他自己想要做的事情，并且拥有足
够的自我控制能力，绝不在他们做事
的时候自己也掺和进去。

西奥多·罗斯福

领导必须能够发现什么？——潜藏着
的天才。

佚名

管理是所有艺术中最具有创造力的。
它是一门正确使用人的艺术。

罗伯特·麦克纳玛拉

领导者总是孤独的。

赫尔曼·西蒙

新的领导班子不是一朝一夕能产

汉斯·梅尔克勒

生的。

雇员应该履行他们的责任,雇主应该做的则不仅仅局限于他们的责任。	玛丽·冯·艾伯纳-艾欣巴赫
顶尖经理人并不是因为觉得领导层的工作多么富有吸引力,只是他们更不喜欢底层的工作而已。	赫尔曼·西蒙
如果你每天有条不紊地工作八个小时,你就能够成功地成为一个领导,然后每天工作十四个小时。	罗伯特·弗罗斯特
身处领导层的人们并不是乘着电梯上到那么高的。	《德国商报》
去问一个参加讨论会的人:怎样才能成为监事会主席?他会回答你说:首先要成为一个理事会主席。	赫伯特·格律恩瓦尔德
交出领导权比接手领导权更难。	赫尔曼·西蒙
若想参与到最好的公司的竞争中去,首先需要有一批愿意学习、愿意改变的管理人才。	艾伯哈特·冯·佩尔法尔
管理层换人越快,公司决策越会上气不接下气。	赫尔曼·西蒙

有些经理人在企业中行事的原则是：挑出最合适的继承人，然后把他们踢出企业。 **乔治·鲍尔斯**

事实上，大约 10% 的小企业的破产是在解决企业所有者的工作任务以及在向新的管理者让渡所有权的问题上准备得不够充分。 **《华尔街日报》**

管理的艺术在于：以比员工所拥有的更少的知识去管理员工。 **伯恩德·皮舍茨里德**

成为一个采取参与式管理方式的管理者，其最困难的地方在于有时候需要牺牲最好的解决方案以求得到员工的参与。 **R. J. 博伊尔**

当我们想真正判断一个人的时候，我们总是会自问："你愿意他成为你的领导吗？" **库尔特·图霍尔斯基**

一个好的羊群不是由一头阉羊率领，而是由一个牧人率领。 **托马斯·尼德洛依特**

领导是和其他人没什么两样的人，只是他自己不知道这一点。 **佚名**

大多数企业深为管理条文太多所累。人们并不像我们以为的那样需要那么多规定。	**吉姆·特莱比格**
具有讽刺意味的是：在工业企业担任领导的那些人通常并不怎么明白生产过程中的技术步骤，人们付给他们薪水是为了让他们控制和协调人。正因为如此，他们可以任意地从一个工业领域跳槽到另一个工业领域中去。	**汉斯·基廉**
企业管理始终需要两种因素：一方面是秩序和规则，另一方面是幻想、创造力和混乱。	**赫尔曼·西蒙**
好的管理是一种调控艺术，混乱和秩序通过这种艺术保持平衡。	**赫尔曼·西蒙**
最糟糕的无秩序状态是：尽管领导者严厉禁止人们对他的独裁式领导提出批评，人们还是提出了这种批评。	**加布利叶·劳伯**
如何才能不需要去与人周旋，这项艺术也还有待研究。	**艾米尔·戈特**
改革要从最顶层开始，台阶必须从高	**赫尔曼·西蒙**

处搭下来。

一千个奴隶中藏着九百九十九个奴   **艾米尔·戈特**
隶主。

没有什么比真挚的赞美更能让一个人   **哈维·麦凯**
侧耳倾听。

人们用心灵互相驱逐,就像凯瑟琳女   **胡戈·冯·霍夫曼斯塔尔**
皇用公牛驱逐波特金一样。

仿佛磁石吸铁一样,伟大的领导者总   **萨谬尔·斯迈尔斯**
会吸引那些与他个性相似的人。

故信不足,焉有不信。   **老子**

因为领导者的愚昧,整个国家常常分   **莫里兹·多林**
崩离析,就仿佛一艘船失败地,撞向
暗礁。

沟通与合作

泰初有言,言与上帝同在,上帝即言。	**《新约:约翰福音》**
不仅要做,而且要说。	**埃博哈特·冯·贝尔法尔**
所有的领导行为都是通过把思想传达到别人头脑里而进行的。	**查尔斯·库利**
有话要说的人,应该站到最前面,并保持沉默。	**卡尔·克劳斯**
谈到我当初是如何掌握语言的,我真的无话可说。	**罗伯特·本切利**
好话价值高,成本低。	**乔治·赫伯特**
启发人们的干劲的唯一可能的途径是沟通。	**李·艾科卡**
曾经有人要我说出我在多年管理工作中总结出的最有效的一种管理手段,我的答案是:定期进行一对一的会谈。	**安德鲁·格鲁夫**

我们能够借助信息高速公路和卫星跨越几千公里的距离，却跨不过通往我们的同事、员工和领导的那条走廊。　　米歇尔·雷克

给5 000个人写封信很容易，难的是坐下来，花上几个小时的时间，倾听他们的烦恼和担忧。　　帕西·巴尼维克

信息缺乏的地方，流言蜚语就会出现。　　阿尔贝多·莫拉维亚

主管们想方设法给员工打高分，这样他们就能买到员工的合作，不失主管的"面子"，这是常见的事。　　罗莎贝丝·M. 康特

想让别人告诉你他们所知道的东西，必须先告诉别人你所知道的东西。获得信息的最好办法是提供信息。　　尼克洛·马基雅维利

对我来说，写作就是生活。　　加布利叶·加西亚·马尔克斯

给一条狗的嘴戴上辔头，它也会用屁股吠叫。　　海因里希·海涅

沟通企业根本的共同利益和价值的最好方法是通过你的行为方式。　　马克斯·德·普雷

一个能干的管理者能够开发出这样　　西奥多·列维特

一种能力：听出别人并没有说出的
意思。

只有在你把一句话反复写了很多遍，　　　　　**理查德·尼克松**
多到你想吐的时候，美国人民才能听
得进去。

只有专心倾听的人，才能够理解。　　　　　　**利比里亚谚语**

学会倾听，你从那些谈论最愚蠢的话　　　　　**柏拉图**
题的人身上也能得到有用的东西。

我倾听每个人的话，并把它们记下来。　　　　**李奥·贝纳**
尤其是那些销售人员的话，因为他们
接近顾客。

一个好的倾听者不仅到处都受欢迎，　　　　　**佚名**
而且还能很快就了解到一些东西。

电子邮件和互联网就是为了让人们始　　　　　**赫尔曼·西蒙**
终有事可忙。

别人用十句话能说完的意思，如果谁　　　　　**约苏埃·卡尔杜奇**
要用二十句话来说，那他做起别的蠢
事来也不会含糊。

如果我们能够更好地倾听的话，也许　　　　　**佚名**
历史就不会重演了。

语言不是思想的工具，而是思想本身。把语言当工具用的人没有思想。	弗里德里希·格奥尔格·云格尔
没有任何人的思想多于他的语言。	弗里德里希·格奥尔格·云格尔
我们用话语统治他人。	本杰明·迪斯雷里
我们的语言是长着翅膀的，但却不往我们想去的地方飞。	乔治·艾略特
人是一种不仅靠面包，而且主要靠语言存活的生物。	罗伯特·路易斯·斯蒂文森
语言永远比行动更大胆。	弗里德里希·冯·席勒
大部分人说话的时候比写作的时候更富有原创性。	让·保罗
清晰只是作家的礼貌。	尤勒·勒纳尔
清晰毫无疑问是真理的一个修饰语，乃至它经常被当作了真理本身。	约瑟夫·儒贝尔
所谓风格，我的理解就是能把复杂的事情说得很简单，而不是相反。	让·科克托
说话简练，才能给思想更广阔的空间。	让·保罗
说话时要简洁，思考时却要尽量复	弗兰茨-约瑟夫·斯特劳斯

杂——而不是相反。

每句话都曾经有人说过,但是并非每   **卡尔·瓦伦丁**
个人都说过。

凡是可说的东西,都可以说得清楚。   **路德维希·维特根斯坦**
凡是不可说的东西,我们最好保持
沉默。

凡是不能用一页手稿加以概括的东   **杜威特·艾森豪威尔**
西,就一定是未经深思熟虑的,同时也
是不够成熟的。

无论写什么,写得一定要短,这样别人   **约瑟夫·普利策**
才会去读;一定要清晰,这样别人才会
理解;一定要生动,这样别人才会记住。

主句,主句,主句。尽可能在头脑里,   **库尔特·图霍尔斯基**
而不是在纸上进行清晰的布局。多写
事实,或者依靠感觉。做一把弹弓,或
者一架竖琴。一个谈话的人不是一本
百科词典,人们家里有词典。单调的
讲话声让人昏昏欲睡。讲话永远不要
超过四十分钟。不要试图获得你的天
性里不具备的那种效果。讲台是最残
酷无情的东西——人站在讲台上,就仿

佛在日光浴场一样赤裸裸毫无遮掩。

没有任何一个真正有所成就的人能够在谈话中妙玉连珠，单凭这一点，简单的写作方式就值得推荐。	格奥尔格·克里斯托夫·里希腾贝格
一个好的讲话应该把主题的所有方面都说尽，而不是把听众的耐性都说尽。	温斯顿·丘吉尔
可读性是作家的一种礼貌。	弗里德理希·迪伦马特
在自我介绍的时候，很多人费尽力气想把自己的名字弄得让人无法理解。目的何在？	赫尔曼·西蒙
我收到很多圣诞贺卡，贺卡上的签名完全无法辨认。这些我不认识的寄卡人想和我沟通些什么呢？	赫尔曼·西蒙
有一些人，即使在他们有理的时候，说话也总是拐弯抹角，让人难受，就好像他们没理似的。	维尔纳·布克弗泽
苏格拉底和耶稣，这两个最有智慧的人都不曾写下只言片语。	卡尔·尤利乌斯·韦伯
泰初有言，但是言语之前却是沉默。	希格弗里德·冯·费格萨克
聪明人会保持沉默，直到恰当的时机	《圣经：德训篇》

出现。

即使会讲七种语言,也要保持沉默。	赫尔穆特·冯·莫尔特克
引导别人进行良好的言谈,比自己进行良好的言谈更难。	《雅典娜神庙片断》
人们应该要么沉默,要么说出比沉默更好的东西。	毕达哥拉斯
沉默是一种几乎无法驳斥的论证。	海因里希·伯尔
"了解你自己",这是一个好建议;"保守秘密",却是个更好的建议。	伊佛恩·巴尔
请您打破这种谜一样的沉默吧!	弗里德里希·冯·席勒
不出声的人是危险的。	让·德·拉封丹
适时的沉默胜过言语。	马丁·塔珀
把恐惧留给自己,把勇气分给别人。	罗伯特·路易斯·斯蒂文森
大量谈论自己也可以是一种掩饰自己的手段。	弗里德里希·尼采
要说就说定理,要讲就讲例子。	路德维希·莱纳斯
一个寓教于乐的建议胜于严肃的说教。	巴尔塔萨·格拉西安
话语比行动活得更长久。	品达
话语只是空气。但空气会形成风,而	阿瑟·库斯特勒

风可以让船扬帆前进。

一般来说，不是人在控制话语，而是话　　**胡戈·冯·霍夫曼斯塔尔**
语在控制人。

人们很难用自己说得最差的那种语言　　**弗里德里希·黑贝尔**
撒谎。

语言，这个可怕的、隐秘的、更高的存　　**路德维希·伯尔纳**
在，它在暗中主宰着世界。

你是你的语言的主人，但是话一出口，　　**苏格兰谚语**
语言就开始控制你了。

人的大脑是一种伟大的东西：它从人　　**马克·吐温**
出生的那一刻起就开始发挥作用，一
直到人站起来，开始说话。

一个男人——什么都不用说！　　**艾米尔·戈特**

有时候说话不太准确能节省成吨的　　**诲克特·休·孟柔**
解释。

大部分诗歌都是自命不凡的废话。　　**安德鲁·A. 鲁尼**

无论是什么样的一个词，如果我经常　　**弗兰茨·格里尔帕策**
连续不断地说它，到最后我都会觉得
这个词不但很可笑，而且表达不出想
说的意思。

只有当你想要泄露秘密的时候,你才可以去向别人告白。	列奥·B.赫尔策
人们之所以争吵,是因为他们没学过辩论。	吉尔伯特·凯斯·切斯特顿
翻译家是骗子。	意大利谚语
有错的总是那些不在场的人。	英国谚语
当人们再也坚持不下去的时候,他们就会互相交谈。	理查德·绍卡尔
有一些人,任何一次赞美,只要不是最高的赞美,就会被他们视为一种指责。	让·保罗
我们反对一种观点,其实常常只是因为讲述这个观点的人的语调不讨我们喜欢。	弗里德里希·尼采
一个正在争辩的人身上没有高贵之气。	弗里德里希·格奥尔格·云格尔
会议不会催生什么好主意,但却会消灭很多坏主意。	F.司各特·菲兹杰拉德
在讨论中最困难的事情不是为自己的立场辩护,而是发现自己的立场。	安德烈·马尔罗
人们讲述的真实的故事都是假的,而	艾里亚斯·卡内蒂

假的故事至少还有机会成为真的。

参加一次宴会的客人不应该多于缪斯　　　　**普鲁塔克**
女神的数量（九个），不应该少于掌管
欢乐和美丽的女神的数量（三个）。

在那些只聚集着身份相当的人的地　　　　**路德维希·伯尔纳**
方，总是很快就出现无聊的局面，贯穿
整个过程的总是愚蠢。

好的谈判策略关键在于能够刺激对方　　　　**汉斯·哈贝**
说出你想要的回答。

对于棘手的谈判，要尽可能有两个人　　　　**赫尔曼·西蒙**
同时参加。当其中一个已经开始妥协
的时候，另一个还能阻止他。

梅特尼西侯爵比塔里兰更有思想，因　　　　**佚名**
为他很少表达自己的思想。

良好的团队协作的公式是：1+1＝3。　　　　**希格弗里德·弗格勒**

创业只是开始，守业才是进步，合作才　　　　**亨利·福特**
是成功。

人们相互理解如此之少令人惊讶，更　　　　**汉斯·克莱斯海默**
令人惊讶的是这并不妨碍什么。

真正的沟通只能在想法相同、思维相　　　　**诺瓦利斯**

同的人之间才能进行。

谁永远正确,谁就会非常孤独。	**佚名**
用心灵才能看得更准确。对于根本性的问题,我们的眼睛是看不见的。	**安东尼·德·圣埃克苏佩里**
被理解是一种奢侈。	**拉尔夫·瓦尔多·爱默生**
我们的商业是一些想法,这些想法只有在适当的协作氛围中才能生长得枝繁叶茂。	**列奥·布尔内特**
复印机一失灵,一切都会失灵。	**沃伦·本尼斯**
让我看到一个好的电话接线员,我会让你看到一个好的公司。	**哈维·麦凯**
在那些受尊敬的公司中,首要考虑的因素总是团队协作、客户至上、平等对待雇员、主动性和创新性。在一般的公司里,首要考虑的因素总是风险最小化、尊重指挥系统、支持老板和制定预算。	**布鲁斯·普福**
沟通必须简单。	**杰克·韦尔奇**
有重要事情要说的人,不会采用冗长的句子。	**《图片报》广告词**

政治思维

政治思维

政治管理和企业管理有许多共同之处。两者之间的相互关联仅仅通过"政治管理"和"企业政治"这两个词就可见一斑。两个领域之间可以互相借鉴的东西很多。然而在德国与在美国不同的是,政界人物和商界人物之间还只有低层次的沟通。即便有过这样的沟通,各自领域的大师一踏进新的领域也显得不那么成功了。两个领域的人彼此之间误解丛生。

管理学的一个现代视角与政治的关系非常密切。我指的是如何与资本市场和股东打交道。竞争与敌对性的收购(沃达丰收购曼内斯曼就是最好的例子)和政治竞选没什么区别。在这两种竞争形式中,参与者的目标都是努力争取更多的支持——无论是选民的还是股东的支持。全球化时代的企业家必须具有更多的政治思维。赢得胜利的沃达丰总裁克里斯·根特过去曾经是个政治家,难道这只是个巧合吗?

政治和经济之间的一个尤其重要的关系在约翰·梅纳德·凯恩斯那里得到了最好的阐述。按照他的观点,政治问题有三个关键的方面:经济效益、社会公正和个人自由。我们大家都知道,社会公正和另外那两个方面是相互抵牾的。美国历史学家威尔·杜兰也证实了这一点。他认为这两个目标之间的互不协调是我们从历史中获得的最重要的教训。我们由此也可以断定,左派和右派之间的斗争将会持续下去,因为这两派之间的斗争不过是这两个最根本目标之间的不可调和性的一种体现。

政治在公共舆论中扮演着重要角色,如今经济管理也在扮演越来越重要的角色。公共关系、新闻工作以及与公众打交道变得越来越重要。但是这也带来了危险。我们从很多值得信赖的人物的观点中了解到,最为大众所接受,并且也最能代表大众想法的观点并不一定是正确的。塞涅卡、格拉西安以及其他一些人都曾经警告我们:不要渴望所有人都喜欢你。玛丽·冯·艾伯纳-艾欣巴赫甚至授予公共观点以"各种观点中的妓女"的头衔。如果要所有人都喜欢你,要广受大众欢迎,你需要的不是高标准,而只是平庸。

政治和管理都要涉及敌人和朋友的关系问题。但是我们搜集的箴言告诉我们,黑白分明的划分方式往往不适用于现实。看上去是敌人或者对手的人,实际上可能是我们的朋友,因为他们激励我们取得更大的成就,激发我们的创造性,也构成了我们的自我的一部分。这个结论在经济竞争中也同样适用。我们不得不一次又一次地发现,一个行业中最优秀的企业总是在最激烈的竞争中与自己的对手齐头并进,不断提高自己的业绩。通常这些优秀的同行企业都在同一个地方或地区。在体育比赛中我们也能看到相似的现象。1998年的时候,我在科隆观看过一场3 000米障碍长跑比赛,其中有四个选手保持了世界纪录,他们全部都是肯尼亚人。参加整个比赛的肯尼亚选手总共有十二个之多。无须赘言,只有在这样激烈而密切的竞争中才能产生真正的世界级选手。同样的例子也可以直接在德国汽车行业和美国互联网行业中寻找。提高成绩的原理在任何领域都是一样的。在这个意义上,敌人变成了朋友。

作为一种具有重大政治效应的现象,全球化所起的也是相似的作用。它使过去的敌人变成了伙伴。尽管利益集团之间的竞争会起一定的削弱作用，但说到底，全球化会不可逆转地促进世界和平和共同富裕的进程。全球化的一个强势所在是它并不在乎人们究竟喜欢不喜欢它，它是一个事实。它会带来世界的民主。政治想要追求的最高目标不就是这个吗？

政治和政治家

最完美的政治共同体是一个由中间阶层统治的团体,这个中间阶层的人数应该比另外两个阶层的人数都多。　　亚里士多德

国家行为的本质是通过暴力的使用或者暴力威胁来强迫人们采取与他们的自由意志不同的行为方式。　　路德维希·冯·米塞斯

统治的关键在于确定优先权。　　哈罗德·威尔逊

什么样的政府是最好的政府?那种能教我们进行自我管理的政府。　　约翰·沃尔夫冈·冯·歌德

民主是一种程序,它确保我们不会得到比我们应得的更好的统治。　　乔治·肖伯纳

事实上,民主无非是能言善辩者的贵族统治。　　托马斯·霍布斯

对那些拒绝参与政治活动的聪明人来　　柏拉图

说,最大的惩罚就是：他们不得不在那些不如他们聪明的人的统治之下生活。

政治不是高山速降滑雪,而是障碍滑雪。	**米歇尔·罗卡尔**
在德国是不会发生革命的,因为革命必须踩踏草坪。	**约瑟夫·斯大林**
在今天,政治理性不再存在于那些政治权力所在的地方。如果想避免灾难,必须从非官方的团体中涌现出无尽的聪明才智和灵感才行。	**赫尔曼·黑塞**
占领比统治容易。	**让-雅克·卢梭**
战争是政治赤裸裸地以其他手段进行的延续。	**卡尔·冯·克劳塞维茨**
和平是战争以其他手段进行的延续。	**奥斯瓦尔德·斯宾格勒**
一个政治家所讲的明白易懂的话源自他的良心。	**安德烈·马尔罗**
我们联邦德国的政治活动中最让我感到沮丧的是语言的贫乏。	**鲁道夫·奥克斯坦**
政治家所能掌握的最伟大的艺术是：	**罗塔尔·施密特**

不给予他的追随者们他们想要的东西,但却能让他们心满意足。

历史最大的教训是自由和平等之间的相互制约。自由增加,平等就减少;平等一旦增加,自由一定减少。　威尔·杜兰

有些人把政治理解为这样一种艺术:自己先放一把火,然后再把这火扑灭。　劳伦斯·杜莱尔

人类的政治问题就是要把三样东西协调起来:经济效益、社会公正和个人自由。　约翰·梅纳德·凯恩斯

政治家总希望自己受欢迎,只可惜真理并不总是受欢迎。　罗塔尔·施密特

谁把柏林变成新首都,谁就会创造一个新的普鲁士。　康拉德·阿登纳

在自由国家里,每个人都可以表达自己的观点,但是每个其他人都有权不听他的。　J. 诺曼·考利

杂草是大自然对园丁的统治的反抗。　奥斯卡·科科施卡

反对派是当一个政党对那些在他们自己当政时没有解决的问题进行谴责时　罗塔尔·施密特

所扮演的角色。

从纳税角度讲，一个家庭是纳税成员所能组成的一种最划算的小型企业。	弗里德里希·施莱格尔
正是整个政府的开销在国民生产总值所占百分比的增加，而不是政府的资助，排挤了私营经济。	保罗·克雷格罗伯茨
我整天坐在这里就是在劝说人们去做本来不需要我劝说他们就应该完全意识到自己应该做的那些事。	哈里·S. 杜鲁门
只要低纳税人能保护自己不受高纳税人剥削，政府就能维持下去。	伯纳德·贝伦森
目前，德国的政治家们正处于一场巨大的变革竞赛中。可惜他们不是彼此竞争，而是竞相试图把现实排挤出局。	罗塔尔·施佩特
个人意志天生追求卓越，而集体意志则追求平等。	让·雅克·卢梭
国家只是一个保护机构，不是供养者。每个个人都应该为它提供帮助。	弗兰茨·格里尔帕策
福利国家的公民吃饱了饭之后渴望的不是道德，而是午睡。	伊纳齐奥·斯隆

尽可能减少人们的苦难,似乎要好过 尽可能增加人们的幸福。　　　　卡尔·R. 波普

国家应该阻止贫穷,而不应该阻止富 裕。但社会福利项目所做的却总是相 反的事情。　　　　约翰内斯·格罗斯

左派希望权利越多越好,而右派希望 左派越少越好。　　　　罗塔尔·施密特

再分配论调的真正含义不是将收入从 富人那里转移到穷人那里,而是将收 入从纳税人那里转移到政客那里。　　　　《华尔街日报》

福利国家存在着一个核心问题,迄今 为止,谁也没有解决,这也是所有发达 国家面临的问题,即任何减轻苦难的 行为都产生更多导致苦难的行为。当 我们在减轻苦难时,我们更容忍苦难, 而不是尽量避免产生苦难的条件。　　　　麦德逊·皮利

政治晋升有两条途径: 或者顺应局 势,或者逆势而行。　　　　康拉德·阿登纳

最有才智的人没有为政府工作的,即 便是有,企业也会把他们挖走。　　　　罗纳德·里根

高级职位似乎不适合哲学家，坐在皇帝宝座上的天才通常都很不幸。

卡尔·尤利乌斯·韦伯

乐于汲取意见和教训，善于改善自己，在我看来，正是这两个因素构成了伟大的国家领袖的性格特点。

埃德蒙·柏克

我的敌人指责我见风转舵，他们忘了一点：这正是乘风破浪的艺术所在。

奥托·冯·俾斯麦

人征服世界的方式不仅仅是作为统帅率征服世界，还可以作为哲学家洞悉世界，或者作为艺术家理解和再现世界。

弗里德里希·黑贝尔

我只相信我自己篡改的统计数字。

温斯顿·丘吉尔

真正的预言家只在某些时候拥有狂热的追随者，假预言家却任何时候都有狂热的追随者。

玛丽·冯·艾伯纳-艾欣巴赫

伟大人物和人类领袖什么时候曾经试图从书本中寻找推进他们的事业的建议？

弗里德里希·马克希米廉·冯·克林格

有些政治家在离任的时候留下了一个空缺，而这个空缺彻底取代了他。

亨利·提索

人不能左右时代的洪流，只能顺流掌　　　**奥托·冯·俾斯麦**
舵，以求借助或多或少的经验和技巧
避免沉船。

一个诙谐的政治家说过：你可以用数　　　**托马斯·卡莱尔**
字来证明所有事情。

将军之事：静以幽，正以治。　　　　　**孙子**

新闻媒体和公众意见

没有比昨天的报纸更陈旧的东西。 　　　　　佚名

我从不读报，重要的事情我从股市上 　　　迈耶·阿姆舍尔·罗特施
就能了解到。 　　　　　尔德

被德国商人当作秘密的东西，美国商 　　　佚名
人却会讲给他的理发师、他的饭馆招
待和他的女佣听。

这个世界并没有变得更糟糕。只是新 　　　佚名
闻媒体变得更好了。

有些人天生伟大，有些人获取伟大，而 　　　丹尼尔·J. 布斯汀
另一些人则需要雇佣公关人员。

人们用大标题吸引读者，用信息留住 　　　艾尔弗莱德·哈姆斯沃斯
读者。

一份好报纸能比众多糟糕的电视台提 　　　赫尔曼·西蒙
供更多更好的信息。

有那么一些不可缺少的东西,如果人
们对其并不了解的话,就可以让一个
粗俗的时代变得高贵,电话就是其中
之一。

理查德·绍卡尔

新闻自由同时也是不开电视的自由。

赫尔曼·西蒙

你问我,在我看来首先要避免的是什
么,我说:大众。

塞涅卡

如果我们的东西让所有人都喜欢,那
我们应该感到沮丧,这是我们的东西
毫无价值的一个信号,因为出色的东
西只能为少数人所接受。

巴尔塔萨·格拉希安

对于个人来说,疯狂是罕见的现象,对
于团体、党派、民族和时代来说,疯狂
却是规律。

弗里德里希·尼采

伟大人物的时代已经结束,庸庸碌碌
的复数生活时代已经开始。

亨利－弗雷德里克·阿
　米尔

有越多的人相信一种观点,这种观点
越有可能是错误的。正确的人通常是
孤独的。

索伦·克尔凯郭尔

我不相信个体无知时的集体智慧。

托马斯·卡莱尔

平庸的大脑总是与通行的观点和时尚一致。　　　格奥尔格·克里斯托夫·里希腾贝格

新观点总是招致怀疑，并且通常会遭到反对，其原因仅仅是因为这些观点还没有成为共识。　　　约翰·洛克

在所有人的想法都一样的地方，一定没有人做过足够的思考。　　　沃特·李普曼

每个伤害或改变了那些被普遍接受了的准则的想法，都很可能会促使这些准则去冲击那道顺应时代的栅栏。　　　米歇尔·勒伯夫

如果多数人都开始信奉正确的观点，那一定是出于错误的原因。　　　菲利普·多默·斯坦霍普

公众观点是各种观点中的妓女。　　　玛丽·冯·艾伯纳-艾欣巴赫

知识分子是没有批判性的，他们与时尚步调一致。因为知识分子中也存在时尚，还存在着强大的压力。也就是说：谁若不与时尚步调一致，谁就会很快地被抛到那些受重视的圈子以外。　　　卡尔·波普尔

公众观点只存在于那些没有思想的地方。	奥斯卡·王尔德
一个国家里公开发表的观点越是与真实的民众意见不相符,民意调查就越是重要。	伊丽莎白·诺勒-诺依曼
说到民意调查,人们会想象一个女巫在操作电脑。	阿尔贝托·索尔第
首先要在想象的国度里进行一场革命,只有这样,现实的根基才会动摇。	格奥尔格·威廉·弗里德里希·黑格尔
有三样东西是我不相信的:卡路里、维他命和民主。	罗曼·赫尔佐格
根据我的经验,最恶劣的敌人和使人堕落的东西是那种基于思想懒惰和对安逸的需求而产生的对于遵循僵化教条的集体性和共同性的渴求,无论这种教条是宗教的还是政治的。	赫尔曼·黑塞
基础主义除了夸耀自己"无所不能"以外什么都干不了。	雅各布·黑辛
理论家和气象学家差不多:他们的预报都是正确的,错的只是天气。	亨利·提索

关心一下公众对你的指责吧，因为他
们所指责的才是真正的你。

让·科克托

只有那些最善于在公共广场上用最高
嗓门向同时代人宣讲的人才能指望自
己广受欢迎。

约瑟夫·冯·厄沃

平庸永远是流行的前提。

奥斯卡·王尔德

谁能看得更透彻，谁就不必为自己不
受欢迎而担忧。

温斯顿·丘吉尔

追寻真理的人，不必在意他人的声音。

**戈特弗里德·威廉·莱布
尼茨**

当人们能够自由地去做他们愿意做的
事情的时候，他们所做的通常是相互
模仿。

埃里克·霍弗尔

我不能告诉你成功的公式，但却可以
告诉你失败的公式，那就是：试图取
悦所有人。

赫伯特·斯沃普

有些人以为自己很受欢迎，其实人们
只是习惯了他的方式而已。

厄普顿·欣克莱

大众把既有现实变成了混凝土，只有
通过少数人，进步才有可能。

伯特兰·罗素

流行是一种疾病,生活中,它在病人身
上发作得越晚,越有可能变成慢性的。

恩斯特·云格尔

一件事如果只有少数人在做,我们绝
不会模仿他们,但是当很多人开始做
这同一件事的时候,我们也开始跟着
做了,似乎事情出现的频率越高,就变
得越好了似的。我们就这样放弃了正
确的东西,开始接受谬误——仅仅因
为这谬误变得普遍了。

塞涅卡

狗咬人不算新闻,人咬狗才是新闻。

约翰·B. 伯加特

朋 友 和 敌 人

如果你想丢弃一件东西的话,就把它   **普劳图斯**
借给你的一个好朋友吧。

做你自己最好的敌人!   **宝洁公司口号**

我不知道什么是朋友,我只知道一点: **尼基·劳达**
地位高的时候,你有很多朋友,地位一
般的时候,有几个朋友,地位低下的时
候,你没有朋友。

我已经不知道朋友和敌人之间的分界   **马蒂亚斯·贝尔茨**
线在哪里了。

谁了解一个人的真相,就必须消灭他,   **艾里亚斯·卡内蒂**
除非他保持沉默。对那些你经常见到
的人保持沉默并非易事。你用很长时
间帮助他们,直到他们形成一个对自
己的错误理解,而你是要对这个理解
负责的。

我们应该非常感谢我们的敌人。   **奥斯卡·王尔德**

在选择敌人的时候,再怎么谨慎也不   **奥斯卡·王尔德**
为过。

消灭了一个势均力敌的敌人之后,你   **奥托·冯·俾斯麦**
会发现自己怅然若失。

当你失去一个最大的敌人的时候,你   **约翰·麦肯罗**
也便失去了自己的一部分。

但是你所能遇到的最大的敌人,将永   **弗里德里希·尼采**
远都是你自己;你自己总是在洞穴和
密林中窥视着你。

有好围墙才有好邻居。   **罗伯特·弗罗斯特**

聪明人真的能从敌人身上学到很多   **阿里斯托芬**
东西。

正确就是:即便从敌人身上也能学到   **奥维德**
东西。

了解你的对手的行事方式。   **斯蒂文·施罗斯坦**

我经常深入敌人的阵营——不是作为   **塞涅卡**
叛徒,而是作为侦察员。

不想被别人驱逐的人,就得驱逐别人。   **弗里德里希·冯·席勒**

一个懒汉很难和一个勤快人友好相处，因为懒汉太瞧不起勤快人了。	玛丽·冯·艾伯纳-艾欣巴赫
不给别人挖坟墓的人，自己会掉进坟墓里。	卡尔·克劳斯
纠纷要及早解决，任何时候都要避免可能的诉讼。	列奥·B.赫尔策
完美是善的敌人。	伏尔泰
保守者并不一定愚蠢，但多数愚蠢的人一定是保守者。	约翰·斯图亚特·密尔
只有不付账单，才有可能让一个生意人记住你。	奥斯卡·王尔德
比起很容易被驳倒的人，人们更喜欢去反驳一个不容易被驳倒的人。	让·保罗
爱国主义是指：首先热爱自己的民族。民族主义是指：首先仇恨其他民族。	夏尔·戴高乐
国家和国家之间没有友谊，只有联盟。	夏尔·戴高乐
如果你想要某个人不再讨厌你，只要给他一点好处，你会发现，他马上就开始喜欢你了。	哈辛托·贝纳文特

我不是一个把精力和时间浪费在争论上的人。	理查德·布兰生
一个深思熟虑的进攻计划中一定也包括撤退的可能性。	汉斯·卡斯贝尔
不一定非要把别人的蜡烛吹灭，才能显出自己的光亮。	希腊谚语
如果人们可以始终让一扇门留条缝，那么去关这扇门就是毫无意义的。	詹姆斯·威廉·弗尔布莱特
人们相互之间反驳的永远只是对方其实没有的谬误。	让·保罗
我们指责别人的只是那些我们不能从中得到好处的错误。	大仲马
狐狸布道的时候，鸡就要小心了。	德国谚语
每取得一个成功，我们就多了一个敌人。要想广受欢迎，必须保持平庸。	奥斯卡·王尔德
爱你的敌人，因为他们能让你了解自己的缺点。	本杰明·富兰克林

全　球　化

最好对待地球。这个地球不是父辈留
给你们的,而是儿孙借给你们的。　　　肯尼亚谚语

我不是什么雅典人或希腊人,我是世
界公民。　　　苏格拉底

奥林匹克运动提供了一个奇妙的机
会,能让那些本来不在同一个摩擦层
面的民族之间也可以进行角逐。　　　乔治·肖伯纳

一个国家的民族性格在其国家足球队
的战术中就可以体现出来。　　　亨利·基辛格

外国援助就是:为了穷国中的富人的
利益而向富国中的穷人纳税。　　　伯恩德·罗森贝格

我们必须接受的一个事实是:德语在
商业生活中越来越被排挤在外。　　　赫尔曼·西蒙

自由贸易——一个政府能够给予其国　　　托马斯·B. 麦克考雷

民的最大福祉——几乎在任何国家中
都不太流行。

一个变得越来越小的世界意味着我们
得到了越来越多的时间。

《财富》杂志

新的电子形态的互相依赖使世界呈现
出地球村的面貌。

赫伯特·马歇尔·麦克
卢汉

因税收而逃往国外的人的数量几乎和因
为专制而逃往国外的人的数量一样多。

詹姆斯·纽曼

完美的环球企业自 2000 年开始出现,
它就是天主教教会。

赫尔曼·西蒙

任何时候都要假定:在别的国家人们
是以不同的方式来对待时间的。

列奥·B. 赫尔策

文化是各种有机体,世界历史则是这
些有机体的总传记。

奥斯瓦尔德·斯宾格勒

我们的世界既是一个全球村,同时也
是一个村子。它既是相互联网的,也
是孤立的。

凯瑟琳·戴维

比任何一个民族都要强大的是国际性
资本,这个资本也就是世界。

赫尔曼·西蒙

当远方近在咫尺的时候,为什么还要

赫尔曼·西蒙

待在咫尺之内呢？

世界上有三分之二的人从未使用过电话。	《华尔街日报》
世界上有一半的人从未照过相。	《华尔街日报》
所有商业都是全球性的，但是所有销售活动都是区域性的。	维甘德·格罗瑟-沃特林豪斯
创造全球品牌！	宝洁公司口号
全球化才不在乎人们是喜欢还是不喜欢它呢。	赫尔曼·西蒙
所有全球性的公司都在参与 21 世纪的经理人才的争夺战。吸引世界级人才越来越难了。所有大小公司都必须以富有竞争力的理由说服人才加入并留在他们的公司里。	《华尔街日报》
如果西班牙是个问题，那么欧洲就是解决方案。	荷塞·奥尔特加-加赛特
欧洲一体化不再只是一个梦，它变成了很多人的希望，如今它对所有人来说又成了一种必然。	康拉德·阿登纳
当我想到"阿斯特利克斯"游戏被翻译	阿尔伯特·乌代佐

成 72 种语言,而我却只会讲一种语言
的时候,我的心情真的很复杂。

在欧洲,人们无法就车辆应该在街道
左侧还是右侧行驶的问题达成统一,
于是人们就想拥有一种统一的货币。

佚名

欧洲也许能从欧元中产生,也许不能
从中产生。

雅克·吕弗

在欧元之后,我已经听到了建立一种
统一的欧洲语言的呼声。

乌尔弗·顿克尔

德国马克年纪轻轻就死去了,它还不
到 50 岁,就被欧元取代了。

赫尔曼·西蒙

谁不懂外语,谁就不了解他自己。

**约翰·沃尔夫冈·冯·
歌德**

真正的故乡其实是语言。语言决定了我
们对故乡的思念,对本土的远离总是最
快地通过语言表现出来。

威廉·冯·洪堡

使用外语最大的问题是,我们很难用外
语骂人。

赫尔曼·西蒙

一种语言终究还是能够带给我们一点来
自这个国家的气息的。

**约翰·沃尔夫冈·冯·
歌德**

英国人和美国人正是通过他们共同的语言而被分开的。	**乔治·肖伯纳**
英语是我们的第二母语。	**赫尔曼·西蒙**
只有当我们不在乎一个员工的籍贯、民族、文化背景、种族或宗教，而只是要求他起到其应有的作用的时候，真正的全球化才能实现。	**赫尔曼·西蒙**
美国人不会讲其他语言。美国的企业刚刚才开始意识到，他们需要通晓其他国家和其他文化的人才。	**罗伯特·索罗**
就沟通而言，日本就像一个黑洞：只接收信息，但不发出信息。	**大卫·哈伯斯塔姆**
日本文化是由它的岛国特点决定的，所以很难被移植到其他国家中去。德国的情形也相似。这两个民族都是聪明、勤奋的民族，但他们很难跨越彼此之间的文化界限。	**赫伯特·A. 艾伦**
遵守纪律的天赋是普鲁士人的伟大之源。	**克里斯蒂安·摩根斯特恩**
19世纪时，德国的高等教育体系被认	**安东尼·欧伯夏尔**

为是全世界最好的。

我们德国拥有环保技术,我们在这个   **米歇尔·奥托**
领域处于领先地位,这种技术逐渐成
了我们的出口大项。这也是我们拥有
的少数几个富有革新意义的领域之一。

我们应该生活在世界上,而不应该靠   **《新约:约翰福音》**
攫取世界而生活。

我们德国人只是埋头做事! 我们可没   **汉斯·卡斯贝尔**
有时间去弄清楚我们正在做的究竟是
什么事。

11

企业的灵魂

企业的灵魂

企业不仅仅是由枯燥的数字和组织结构组成的,它也包含一些软性因素,某种程度上说,企业是有灵魂的。企业文化就可以被称为企业的灵魂。过去几年里,人们对企业文化的兴趣在不断增加。我们所说的企业文化是指为全部员工共同接受的企业价值体系。它所包含的东西远远超过了一家公司的对外符号、可见的商标或举办的仪式。它涉及一个企业最核心的东西,并且包含着如下重要问题的答案:

——我们追求什么?

——我们的原则是什么?

——我们想达到什么样的目标?

——我们的自我定位和我们的信念是什么?

这些答案是否明确地或者以书面形式写出来并不重要,重要的是其内容能够深深地植根于员工的头脑里和心中,被员工视为义不容辞的责任,并且在日常工作中得以贯彻。

根据我的经验,好的公司和差的公司最根本的区别不在于机器、设备、程序或者组织形式,而更多地在于不同的企业文化。一个成功的企业用下面这句话表达了这一点:"一支斗志昂扬的员工队伍在简陋的工棚里用陈旧的机器所能取得的成绩,比起一支毫无信念的员工队伍在现代化大楼里用现代化机器所取得的成绩更大。"

一个企业要想取得成功,员工、员工的信念以及他们对企业的认同是最重要的长期因素。然而,经理人需要面对的最艰难的任务也正是如何训练、筛选、发展和促进这样一个员工队伍,因为这涉及如何识别和判断他人的问题。关于这一点,我们所搜集的箴言给我们揭示的最根本原则其实很简单:应该去雇用那些比我们自己更能干的人,对那些业绩很差的人,我们应该断然辞退。事实上,管理工作并不是非常复杂。谁能够真正把握这些简单的原则,谁的成功就几乎是不可避免的。

那么,什么是因?什么是果?生活中的事物总是相辅相成的。好的企业文化能够造就有信念的员工,而满意的员工反过来又能促进企业文化更上一层楼,并且由此吸引来更多的好员工。

毫无疑问,企业文化的重要性会日益凸显。人们越来越少地仅仅因为钱而选择一家公司,因为人们工作不仅仅是为了钱,也是为了意义、乐趣以及目标和价值的实现。在高度发展的社会里,这些仿佛金字塔一样一级比一级更高的需求正是人们追求的目标。求职者在选择一家公司时,企业文化也是他们做决定时的一个重要参照标准。收入很高,但是工作氛围很差,每天要把大量精力耗费在内部纷争上,这样的公司是很难赢得青睐的。这一点尤其适用于服务性行业和思想文化行业。工作越富有挑战性,对企业文化的要求就越高!因为高素质的员工队伍的成绩是很难直接衡量的,说到底,对专业人才的管理不能通过传统的监控机制,而只能通过树立信念和设立共同目标才能达成。从某种意义上说,"企业文化可以替代考勤表"。我们要说的话到这里就说完了,但成功却是永无止境的。

企 业 文 化

今天，当我们如此频繁地谈论企业文　　　**彼得·F.德鲁克**
化的时候，我们所指的其实是那种贯
彻在整个企业中的信念，那种齐心协
力为共同的目标和价值而努力的精
神。这种共同的目标和价值应该由领
导者设定、传达并身体力行。

企业文化是在一个企业里为员工所认　　　**赫尔曼·西蒙**
可并被作为义务加以接受的价值和目
标体系。

企业文化不应该追逐一时的风尚，企　　　**赫尔曼·西蒙**
业文化应该是一枚指南针，能在动荡
时期帮助员工安全地航行。

企业文化是所有不言而喻的内容的　　　**维尔纳·特恩**
总合。

价值观为企业的领导和员工之间的密　　　**罗伯特·哈斯**

切合作提供了一种共同的语言。

子曰：道不同，不相谋。　　　　　　**孔子**

如果所有人都共同前进，那么成功就　**美国谚语**
指日可待了。

我宁愿把时间花在谈论价值观问题　**列维斯·普拉特**
上，而不愿意去制定什么经营策略。

一家企业，一种文化。　　　　　　　**宝洁公司**

一个企业的文化既可以通过与其基层　**佚名**
雇员的交谈，也可以通过考察其高层
管理者的个性和姿态来加以判断。

如果你是老板，而你的员工在认为你　**罗伯特·汤森**
错了的时候会公开对抗你，那是一种
健康的表现。

任何时候，工作量都必须多于员工数量。　**赫尔曼·西蒙**

你几乎找不到任何一个能敞着门生活　**塞涅卡**
的人。

若想唤起人们心中善的东西，最好的　**古斯塔夫·拉德布鲁赫**
办法就是把他们当作善的人对待，没
有比这更好的办法。

员　工

别雇用任何一个你不能解雇的人。　　　　列奥·B. 赫尔策

以一丝不苟的诚实态度去招聘员工！　　　沃伦·本尼斯

我从来都不能事先挑选出高素质的员　　　拉蒙纳·E. F. 阿尼特
工,然而我已经学会了如何去剔除那
些素质差的平庸之辈。

疑人不用,用人不疑。　　　　　　　　　中国谚语

那些低于平均水平的人具有能够被最　　　赫尔曼·西蒙
大限度地合理化的潜力,但要做到这
一点需要勇气和恒心。

几乎任何时候,兴趣都能够弥补天赋　　　诺曼·R. 奥古斯丁
的不足。

我雇用了很多年轻人。我从中得到的　　　赫尔曼·西蒙
最重要的经验是:我越来越看重员工
的内心信念了。

两个月的逆境比五年的顺境更能让你了解你的员工。	列奥·B. 赫尔策
给我七个坚决果断的男人,我将改变世界的面貌。	伊格纳裘斯·冯·罗耀拉
如果你总是雇用那些不如你自己的人,那么我们的公司就会变成一个侏儒公司;反过来,如果你总是雇用那些比你强的人,那么我们的公司就会变成一个巨人公司。	戴维·M. 奥格威
我唯一真正聪明的地方在于:我非常懂得去雇用那些比我自己聪明的人。	查尔斯·沃格林
我们在雇用员工的时候几乎从来不关心他们的内在动机。	特雷沙·阿玛贝尔
我从来不雇用不如我聪明的人。	唐·休伊特
一个聪明人必须足够聪明到能够雇用比他自己聪明得多的人。	约翰·F. 肯尼迪
最大的危险是雇用一些比自己还差劲的人。多数人都面临着这样的危险。	赫尔曼·西蒙
一个人写求职简历的时候,是他最接近完美的时候。	佚名

几乎没有任何生物能像人一样：在谋求一个职位的时候和在得到这个职位之后，他是如此前后判若两人。 **乔治·萨韦尔**

工作的法则似乎非常不公正，但它就是这样，谁也无法改变它，那就是：你从工作中得到的乐趣越多，你的薪水也就越高。 **马克·吐温**

给求职者一个建议：一个推荐人比两门外语更有用。 **赫尔曼·西蒙**

让我们看看最后的真理：工作并不比享受更加无聊。 **夏尔·波德莱尔**

运气只能在某些时候帮助你，而工作却永远都能帮助你。 **婆罗门谚语**

太少工作可做，是一种负担，很多工作要做，是一种快乐。 **维克多·雨果**

每个人，不管他遭到怎样的打击，都梦想着能过上更好的生活，并且只要一有机会，他就会像个斗士一样为了这个梦想而工作。 **梅瑞德·R. 利特**

假期就是在困难条件下延续我们的家 **佚名**

庭生活。

无休止的假期是对地狱生活的最好培训。	乔治·肖伯纳
闲暇时间太多导致人们终于有一天会去做他们早就想做的事情：互相谋杀。	亚历山大·米切里希
创造力的差别就是：一个好的工人能顶替两个糟糕的工人，一个好的软件设计师能顶替六个糟糕的软件设计师，一个好的高层经理人能顶替无数个糟糕的高层经理人。	维根德·格罗瑟-沃特林豪斯
占整个员工队伍90%的那部分好员工是你的90%的恼火的原因，另外10%的员工则是你另外10%的恼火的原因。	佚名
度假总是危险的，因为事实可能是：你没给自己留下空位。	维克·布莱德利
我们应该重新学习在闲暇时间中享受闲暇。	奥托·福雷克
不能从工作中获得满足的人，永远都	彼得·鲁塞格尔

不可能获得满足。

一个企业的价值不是由它的大楼、它
的机器和它的银行账户构成的。一个
企业真正有价值的东西是那些为了这
个企业而工作的人和他们在工作中所
秉持的精神。

海因里希·诺德霍夫

理想是一种良好的职业道德，是高度
的创造力和高报酬。对我们来说，它
似乎比恶劣的职业道德、低劣的创造
力和低廉的报酬要好。

日本住友公司宣传语

你要确保你的员工都能明白一个最关
键的经济方程式：收益=铁饭碗。

列奥·B.赫尔策

判断一个人是否是个英雄，永远要看
他成败与否。

路德维希·马尔库塞

那些年纪轻轻就取得巨大成就的人，
通常看起来比他们的实际年龄要老。

赫尔曼·西蒙

公司储备人才。

亨利·B.沙赫特

通过观察员工的行动来审查他们的业
绩已经变得越来越不可能了，除非你
能在精神上彻底与他们沟通。

伊诺·施内沃伊格特

对于容易熟悉的任务,在有人看管的
情况下,人们出错较少;而对于更难、
不熟悉的任务,情况恰恰相反。

罗杰·彼得斯

有些人首先去解决那些如果没有他们
就不会存在的工作。

赫尔曼·西蒙

一年中,我从不检视我的下属们的错
误,但是却会检视他们的借口、请假和
辩护。

米歇尔·德·蒙田

十分之一的员工能完成超过三分之一
的产量。如果提高人员数量,那只会
降低这个平均水平。

诺曼·R. 奥古斯丁

理想的状况是:那些干扰正在工作的
员工,妨碍他们干更重要工作的人员
越少越好。

帕西·巴尼维克

生产线上的员工培训得越好,领班越
是多余的。

海因里希·冯·皮耶尔

所有员工都有多种职责。每人必须能
够执行142页不同的任务。

美国西部航空公司

如果你作为老板不能让你的员工高
兴,那么你就不要指望你的员工让顾

卡拉·佩内莎

客满意。

一个人有好老板和合得来的工作伙伴，他就不会为多拿几文工资而调换工作。	莫里斯·S. 特罗特
一定要简单。绩效评估的原则应是在高出一般的员工和低于一般的员工之间画一条线。	乔·凯利
我们不可以接过任何人的责任，而是应该帮助每个人担负起自己的责任。	海因里希·沃尔夫冈·塞德尔
我们必须尝试着从单个员工身上描画出整个企业的形象。	汉斯-尤尔根·瓦尔内克
最近我们帮助一个人成为他本来就已经是的那种人。那么这究竟算不算帮助呢？	赫尔曼·西蒙
我在一些大公司看到很多极有天赋的人徘徊在较低的职位上。在一个大企业里，从底层职位晋升到中级职位对每个人来说都是其职业晋升过程中最难的一个阶段。	格哈德·诺依曼
我们遇到一个坚持"彼得原理"的人。	赫尔曼·西蒙

后来我们才知道,原来他的名字真的
就叫彼得。

帮助一个自己不喜欢的人,在这一点
上我从来不会踌躇。相反,我始终期
待着能发现那种不顺从的、执拗的、几
乎令人无法忍受的人,他们会对你说
出事情的真相。如果你有足够多的这
样的人,并且对他们能有足够的耐心,
那么你的企业就几乎能够天下无敌。

托马斯·J. 沃特森

在一个等级制度里,每个人都想爬到
他力所不能及的阶层上去。

彼得原理

有些领导在给员工分配任务时就已经
让员工们意识到:他们必须坚信一
点,那就是这份工作只能由他来干。

君特·F. 格罗斯

有两种员工永远成不了大器:一种永
远不做你要求他做的事;另一种永远
只做你要求他做的事。

克利斯多夫·莫利

代理人是这样一种人:每天早上,他
们都会询问我们的状况,如果我们睡
得很好,他们就会非常失望。

夏尔·戴高乐

对全面卓越的最佳预测就是公司吸引、激励和留住人才的能力。　　　　　　**布鲁斯·普福**

在一个员工辞职之前很久，他的心就已经不在这里了。　　　　　　**赫尔曼·西蒙**

罕见的名字是有趣的信号。说到底它们是由父母给起的。　　　　　　**赫尔曼·西蒙**

为什么能从一个人的鞋子上看出来他是否能成大器呢？　　　　　　**赫尔曼·西蒙**

着装并不能使你与众不同，相反却有可能给人留下坏印象。　　　　　　**赫尔曼·西蒙**

原 因 和 效 果

一切事物的起源都是微小的。　　　　　西塞罗

无中只能产生无。　　　　　　　　　　卢克莱修

女人寻找青春永驻的秘方,经理们则　　赫尔曼·西蒙
不停地寻找成功的诀窍。这两样东西
都不存在。时尚的作用——无论是服
装的还是管理的时尚——就是帮助人
满足这些难以满足的需要。

自然界里既没有奖赏也没有惩罚,只　　罗伯特·G. 英格索尔
有因果链条。

人们只看到了事物本身,却看不到事　　奥古斯丁
物的缘由。

虚无只能产生虚无。　　　　　　　　　科隆谚语

是否能够解决一个难题,关键要看你　　彼得·M. 圣吉
是否发现了这个难题的根源所在。

351

思想观念中的一切错误都源于混淆了目的和手段。	诺瓦利斯
开始时的一个小错误到最后会变成一个大错误。	乔丹诺·布鲁诺
缺少建议的地方，计划必然失败。	《圣经：箴言》
如果别人说："到什么时候你才能不再反复提出同样的指责？"你可以回答说："到什么时候你才能不再反复犯同样的错误？"	塞涅卡
除了能引起严重后果的事情，别的事情都不值得关注。	乔治·肖伯纳
一个令人信赖的潜在危机预警器——这是对一个好的管理层的最佳赞美。	赫尔曼·西蒙
令人炫目的光辉伟大的业绩往往被政治家们视为伟大计划所带来的结果，尽管事实上它们通常只是情绪和激情的结果。	弗兰索瓦·拉罗什富科
有三种原因可以让你破产：女人、打赌、向专家咨询。	乔治·蓬皮杜
那些最善于公开演讲或发表文章的经	赫尔曼·西蒙

理通常不是最善于管理的经理。

一个倏忽即逝的想法就像一条从鱼钩   **恩斯特·云格尔**
上逃脱的鱼,不用去追赶它,它自己会
在水底深处一点点重新靠近我们,并
且比先前斤两更重。

危险并不在于研究者们太专业化,而   **阿瑟·库斯特勒**
在于专家太普及化。

是生物通过基因复制自己?还是基因   **托马斯·C. 谢林**
通过生物复制自己?

最好不要失窃,这样至少不用去跟警   **卡尔·克劳斯**
察纠缠不清。

最 终 的 真 理

知足是聪明人的点金石。有了它,穷
人也会变富;没有它,富人也会变穷。　　**本杰明·富兰克林**

你视为巅峰的,其实只是台阶的一级
而已。　　**塞涅卡**

好的开端会带来好的结果。　　**英国谚语**

决定一次航行是否成功,不是离港启
航,而是归航入港。　　**亨利·沃德·毕察**

有时候,生活中那些看起来似乎是一
个结尾的东西,其实正是一个新的
开始。　　**美国谚语**

我们能够克服地球重力,但却摆脱不
了打笔仗。　　**威恩海尔·冯·布劳恩**

只有在财政局证明一笔生意不是生意
的时候,这笔生意才真的算一笔生意。　　**马尔库斯·罗纳**

我对自己赚的钱一直很满意,直到我知道了棒球运动员能赚多少。	安德鲁·S. 鲁尼
当畅销书榜充斥着企业战略和速成管理思想之类的图书时,到经济生活去寻找行将倒闭的企业吧。	彼得·F. 德鲁克
下一次大洪水的时候,人类将不是淹死在水里,而是淹死在纸张里。	威廉·萨莫塞特·毛姆
主啊,宽恕他们吧,因为他们知道自己在做什么!	卡尔·克劳斯
人们崇拜偶像,因为人们自己已经没有脸孔了。	勒内·许斯曼斯
永远不要说"太迟了"。即便在政治上也永远不会太迟。任何时候都是重新开始一个好开端的良机。	康拉德·阿登纳
那些撰写回忆录的人,通常要么是因为已经丧失了记忆力,要么是因为从没干过任何值得回忆的事。	奥斯卡·王尔德
进化带来的东西没有任何一样是毫无好处的——其中也包括死亡。	曼弗莱德·艾根
从本质上讲,大自然是简单的。	汤川秀树

伍德罗·威尔逊是最后一个亲自写讲
演稿的人。如果考虑到当今时代已经
不再按字母顺序排列名字，那么布什
可能是最后一个亲自读讲演稿的人。

戈尔·维达

有些人把企业家视为令人讨厌的、应
该被打死的恶狼。另一些人则认为企
业家是他们可以不停挤奶的母牛。只
有少数人把他们视作拉着破车的马。

温斯顿·丘吉尔

我坚信，我们过高地要求人们的工作
能力所能产生的成果了。

君特·格拉斯

这个世界给我们提供的最好的东西是
对另一个世界的渴望。

马丁·凯瑟尔

任何品质高尚的企业的成功都绝不依
赖于数字。

威廉·L. 加里森

多数人死于他们服用的药物，而不是
他们的病。

莫里哀

它们全都会下来的。这句话既适用于
飞机，也适用于股市。

赫尔曼·西蒙

根本上，只有无用的东西才能真正
持久。

卡尔·海因里希·瓦格尔

第一代人创造财富,第二代人管理财 　　奥托·冯·俾斯麦
富,第三代人学习艺术史,第四代人穷
困潦倒。

有些事情,人们在开始做的时候,并不 　　赫尔穆特·毛赫尔
知道其结果会如何。这些事情包括:
爱情、革命和职业生涯。

每个社会都向那些活着的恭顺者和死 　　米涅·麦克劳琳
去的反叛者致意。

要时时提醒自己这样一个事实,即生 　　迈耶·弗里德曼
活本身并没有结束,你不应指望,甚至
期待你所有的项目在一小时内、一周
内、一个月内抑或一年内完成。生活
不是由一个个分离的结束和开始构
成,而是由不断地出现问题和潜在的
解决问题的方案构成。

不要过分关心你的后代,不劳而获的 　　杰拉尔德·M. 勒布
财富对他们通常是弊大于利的。

当所有的钟表和日历停止计时的时 　　迈耶·弗里德曼
候,生活还有什么意义呢?

当我们还在途中的时候,我们是无法 　　安德烈·马尔罗

得出结论的。

成功永无止境。 **温斯顿·丘吉尔**

只有引文长存。 **罗塔尔·施密特**

我早料到这一天了，只是没想到这 **某块墓碑上的铭文**
么快。

死亡和税收是生命中唯一确定的两 **本杰明·富兰克林**
件事。

我讨厌引用，告诉我你自己知道什么。 **拉尔夫·瓦尔多·爱默生**

作者名录

阿伯斯（赫尔曼·约瑟夫）（**Abs，Hermann Josef**）（1901～1994）：德国银行家（德意志银行）

亚伯丁（帕特里夏）（**Aburdene，Patricia**）：撰写企业管理方面书籍的美国畅销书女作家，时代趋势研究家

阿克曼（格哈德）（**Ackermann，Gerhard**）：德国企业家（德国三大连锁食品超市之一的"阿考夫"连锁店的创始人）

阿克夫（鲁塞尔）（**Ackoff，Russell L.**）（1919～2009）：美国经济学家

亚当斯（亨利·布鲁克斯）（**Adams，Henry Brooks**）（1838～1918）：美国历史学家、作家

阿登纳（康拉德）（**Adenauer，Konrad**）（1876～1967）：德国政治家、国务活动家，联邦德国第一任总理

阿德勒（阿尔弗莱德）（**Adler，Alfred**）（1870～1937）：奥地利精神病科医生、心理学家

艾德勒（莫提默·J.）（**Adler，Mortimer J.**）（1900～2001）：美国作家

阿夫赫尔特（海克）（**Afheldt，Heik**）（1937～　）：德国记者、出版商（Ag，Yagoov）

阿格（亚可夫）（**Ag Yagoov**）

阿涅利(乔凡尼)(**Agnelli, Giovanni**)(1866~1945)：意大利工业家(菲亚特公司创始人)

埃斯库罗斯(**Aischylos**)(公元前525年~公元前456年)：古希腊悲剧作家

阿里(穆罕默德)(**Ali, Muhammad**)(原名卡修斯·克莱，1942~)：美国拳王

艾伦(弗莱德)(**Allen, Fred**)(原名约翰·F.苏利万，1894~1956)：美国幽默作家

艾伦(赫伯特·A.)(**Allen, Herbert A.**)(1940~)：美国大银行家

阿尔腾贝格(彼得)(**Altenberg, Peter**)(原名理查德·英格兰德，1859~1919)：奥地利作家

阿尔瓦雷茨(拉蒙)(**Alvarez, Ramon**)：美国经理人(哈尼威尔公司总裁)

阿玛贝尔(特雷莎)(**Amabile, Teresa**)：美国女科学家(哈佛商学院)

阿米尔(亨利-弗雷德里克)(**Amiel, Henri-Frederic**)(1821~1881)：瑞士思想家、作家

安舒兹(菲利普)(**Anschutz, Philip**)(1939~)：美国经理人(Rio Grande Industries)

阿奎纳(托马斯)(**Aquin, Thomas von**)(1225~1274)：意大利神学家、哲学家

雅顿（伊丽莎白）（Arden，Flizabeth）（1878～1966）：美国化妆品行业女企业家（伊丽莎白雅顿化妆品系列）

阿里斯托芬（Aristophanes）（约公元前445年～公元前385年）：古希腊喜剧诗人

亚里士多德（Aristoteles）（公元前384年～公元前322年）：古希腊哲学家

阿恩特（汉斯）（Arndt，Hans）（1911～　）：德国作家

阿尼特（拉蒙纳·E. F.）（Arnett，Ramona E. F.）：美国女企业家（拉蒙纳公司总裁）

阿诺尔德（欧伦）（Arnold，Oren）：美国作家

阿恩岑（赫尔穆特）（Arntzen，Helmut）（1931～2014）：德国图书馆学家、作家

阿尔兹特（爱德文）（Artzt，Edwin L.）（1930～　）：美国经理人（宝洁公司前执行总裁）

阿提加（阿里·阿迈德）（Attiga，Ali Ahmed）：约旦科学家（"阿拉伯思想论坛"秘书长）

奥克斯坦（鲁道夫）（Augstein，Rudolf）（1923～　）：德国记者、《明镜周刊》发行人

奥古斯丁（诺曼·R.）（Augustine，Norman R.）（1935～　）：美国经理人（洛克希德·马丁公司前执行总裁）

奥古斯丁（Augusinus）（354～430）：西方教父哲学集大成者、哲学家

培根(弗兰西斯)(Bacon, Francis)(1561~1626)：英国哲学家、作家和政治家

白哲特(沃特)(Bagehot, Walter)(1826~1877)：英国经济学家、记者

贝克(约瑟芬)(Baker, Josephine)(1906~1975)：美国歌手、舞蹈家

巴尔(伊弗恩)(Ball, Ivern)

巴尔塔萨(汉斯·乌尔斯·冯)(Balthasar, Hans Urs von)(1905~1988)：瑞士天主教神学家

巴尔扎克(奥诺雷)(De Balzac, Honore)(1799~1850)：法国作家

芭铎(碧姬)(Bardot, Birgitte)(1934~　)：法国演员

巴德威克(朱蒂斯)(Bardwick, Judith M.)：美国企业咨询顾问、心理学家、企业管理类书籍作者

巴克(朱尔·A.)(Barker, Joel A.)：美国企业咨询顾问、企业管理类书籍作者

巴纳德(切斯特)(Barnard, Chester)(1886~1961)：美国经理人、组织管理学理论家

巴尼维克(帕西)(Barnevik, Perey)(1941~　)：瑞典经理人(ABB公司前总裁)

巴鲁赫(伯纳德·M.)(Baruch, Bernard M.)(1870~1965)：美国经济学家、股票专家

波德莱尔（夏尔）（Baudelaire，Charles）（1821~1867）：法国抒情诗人

鲍尔（卡尔·海因里希）（Bauer，Karl Heinrich）（1890~1978）：德国外科医生、肿瘤学家

贝克斯（海瑞）（Beckers，Harry）：荷兰经理人（皇家壳牌公司研究协调员）

毕察（亨利·沃德）（Beecher，Henry Ward）（1813~1887）：美国新教改革家、牧师

贝尔茨（马蒂亚斯）（Beltz，Matthias）（1945~2002）：德国小型歌舞剧演员、作家

贝纳文特（哈辛托）（Benavente，Jacinto）（1866~1954）：西班牙剧作家

本切利（罗伯特）（Benchley，Robert）（1889~1945）：美国幽默作家、演员

本雅明（瓦尔特）（Benjamin，Walter）（1892~1940）：德国作家、文学和文化评论家

本尼斯（沃伦）（Bennis，Warren）（1925~　）：美国经济学家、管理心理学家

贝伦森（伯纳德）（Berenson，Bernard）（1865~1959）：立陶宛裔美国艺术史学家

伯格森（亨利）（Bergsen，Henri）（1859~1941）：波兰-英国裔法国哲学家

伯纳尔（约翰·德蒙）（Bernal, John Desmond）（1901~1971）：爱尔兰物理学家

伯纳德（特里斯坦）（Bernard, Tristan）（1866~1947）：法国剧作家、作家和记者

贝拉（约吉）（Berra, Yogi）（1925~　　）：美国棒球运动员、棒球经纪人

贝尔特（罗尔夫）（Berth, Rolf）：德国企业管理学家（Kienhaum学院前院长）

贝特曼（约翰·菲利普·冯）（Bethmann, Johann Philipp von）（1715~1793）：德国金融家

伯依特洛克（弗里德尔）（Beutelrock, Friedel）（1889~1958）：德国女作家

比尔斯（安布罗斯）（Bierce, Ambrose）（1842~1914）：美国作家

俾斯麦（奥托·冯）（Bismarck, Otto von）（1815~1898）：普鲁士德意志宰相

布雷克（威廉）（Blake, William）（1757~1827）：英国诗人、画家

布兰克（艾尔哈特）（Blanck, Erhard）（1942~　　）：德国作家、书商

布罗赫（恩斯特）（Bloch, Ernst）（1885~1977）：德国哲学家

布洛克（A. 哈尔维）（Block, A. Harvey）：美国经理人

布鲁姆（阿尔伯特）（Blum, Albert）（1930~　　）：德国企业家

布鲁门塔尔（奥斯卡）（Blumenthal, Oskar）（1852~1917）：德国

作家(莱辛剧院创建人)

波伊夫(迈克尔·勒)(Boef, Michael Le)

伯加特(约翰·B.)(Bogart, John B.)：美国出版商

庞巴维克(奥伊根·冯)(Bohm-Bawerk, Eugen von)(1851~
1914)：奥地利经济学家

伯尔(尼尔斯)(Bohr, Niels)(1885~1962)：丹麦物理学家、诺
贝尔奖得主

博克(德雷克)(Bok, Derek)(1930~　)：美国法学家(哈佛大
学前校长)

伯尔(海因里希)(Boll, Heinrich)(1917~1985)：德国作家、诺
贝尔文学奖得主

波诺(爱德华·德)(Bono, Edward de)(1933~　)：英国企业
管理书籍作者

布斯汀(丹尼尔·J.)(Boorstin, Daniel J.)(1914~　)：美国历
史学家

布斯特(乔治)(Boost, George)

鲍曼(弗兰克)(Borman, Frank)(1928~　)：美国宇航员

伯恩(卡尔)(Born, Karl)(1943~　)：德国经理人(TUI 集团
负责人之一)

伯恩(马克斯)(Born, Max)(1882~1970)：德国物理学家、诺
贝尔奖得主

伯尔纳(路德维希)(Borne, Ludwig)(1786~1837)：德国小品

文作家

博世（罗伯特）（Bosch, Robert）（1861~1942）：德国工业家

博絮埃（雅克·本尼涅）（Bossuet, Jacques Benigne）（1627~1704）：法国神职人员、历史学家

布夫莱（斯坦尼斯拉·让·德）（Boufflers, Stanislas Jean de）（1738~1815）：法国作家、翻译家

鲍尔斯（乔治）（Bowles, George）

博伊尔（R. J.）（Boyle, R. J.）

布莱德利（维克）（Bradley, Vic）：美国经理人（Yamana Resources 公司总裁）

雅克布·M. 布兰德（Brande, Jacob M.）

布兰迪斯（路易斯·德比茨）（Brandeis, Louis Dembitz）（1856~1941）：美国法律学家（1916~1939 年任美国最高法院大法官）

布兰生（理查德）（Branson, Richard）（1950~　）：英国企业家（维珍集团创始人）

布劳恩（威恩海尔·冯）（Braun, Wernher von）（1912~1977）：德裔美国火箭工程师

布莱希特（贝尔托尔特）（Brecht, Bertolt）（1898~1956）：德国作家、导演

布里坦（艾尔弗莱德）（Brittain, Alfred）（1942~　）：美国金融家（银行家信托公司-信孚银行前总裁）

布里顿（本杰明）（Britten, Bonjamin）（1913~1976）：英国作

曲家

布罗克(艾里希)(Brock, Erich)

布罗姆利(R. C.)(Bromley, R. C.)(1936~　)：英国军官

布朗(约翰·梅森)(Brown, John Mason)(1900~1969)：美国作家

布朗(利塔·梅)(Brown, Rita Mae)(1944~　)：美国作家

布鲁克纳(安东)(Bruckner, Anton)(1824~1896)：奥地利作曲家

布鲁金斯基(维斯洛)(Brudzinski, Wieslaw)(1920~　)：波兰小品文作家

布鲁诺(乔丹诺)(Bruno, Giordano)(1548~1600)：意大利哲学家、科学家

布吕耶尔(让·德·拉)(Bruyere, Jean de la)(1645~1696)：法国道德哲学家

布伯(马丁)(Buber, Martin)(1878~1965)：犹太宗教改革家、宗教哲学家

布坎(约翰)(Buchan, John)(1875~1940)：苏格兰作家、外交家

布克(皮埃尔·S.)(Buck, Pearl S.)(1892~1973)：美国女作家

巴克勒(弗雷德里克)(Buckle, Frederick)(1949~2018)：美国经理人

巴菲特(沃伦)(Buffett, Warren)(1930~　)：美国投资家

布封(乔治·路易斯·德)(**Buffon, Georges Louis de**)(1707~1788)：法国自然科学家

布克弗泽·维尔纳(**Bukofzer, Werner**)

布克哈特(雅各布)(**Burckhardt, Jacob**)(1818~1897)：瑞士文化和艺术史学家

布尔达(胡贝尔特)(**Burda, Hubert**)(1940~　)：德国出版家

柏克(埃德蒙)(**Burke, Edmund**)(1709~1797)：英国政治家、作家

贝纳(李奥)(**Burnett, Leo**)(1891~1971)：美国广告代理行业创始人

伯恩斯(罗伯特)(**Burns, Robert**)(1759~1796)：苏格兰诗人

布什(威廉)(**Busch, Willhelm**)(1832~1908)：德国诗人、画家

巴特勒(萨缪尔)(**Butler, Samuel**)(1930~　)：美国律师

巴克斯顿(托马斯)(**Buxton, Thomas**)(1786~1845)：美国院外活动集团成员、废奴运动领袖

卡贝尔(詹姆斯·布兰切)(**Cabell, James Brach**)(1879—1958)：美国作家

加马拉(多姆·赫尔德)(**Camara, Dom Helder**)(1909~1999)：巴西天主教神学家

加缪(阿尔贝)(**Camus, Albert**)(1913~1960)：法国作家、哲学家,诺贝尔文学奖得主(1957年)

卡内蒂(艾里亚斯)(**Canetti, Elias**)(1905~1994)：出生于保加

利亚的英国籍犹太作家、哲学家,诺贝尔文学奖得主(1981年)

卡邦(艾尔)(**Capone,Al**)(1899~1947):美国黑帮头子

卡波特(杜鲁门)(**Capote,Truman**)(1924~1985):美国作家

卡尔杜奇(约苏埃)(**Carducci,Giosue**)(1835~1907):意大利作家、诺贝尔文学奖得主(1906年)

卡莱尔(托马斯)(**Carlyle,Thomas**)(1795~1881):苏格兰杂文作家、历史学家

卡尔森(杨)(**Carlzon,Jan**):瑞典经理人(北欧航空公司前总裁)

卡耐基(安德鲁)(**Carnegie,Andrew**)(1835~1919):苏格兰裔美国工业家

卡耐基(戴尔)(**Carnegie,Dale**)(1888~1955):美国心理学家、作家

卡彭戴尔(霍沃德)(**Carpendale,Howard**)(1946~):南非裔德国摇滚歌手

卡雷特(菲利普)(**Carret,Philip**)(1896~1998):美国金融家

卡洛尔(列维斯)(**Carroll,Lewis**)(原名查尔斯·L.道格森,1832~1898):英国作家

卡卢斯(霍斯特)(**Carus,Horst**):德国经理人、经济学家(科布伦茨WHU公司)

加图(**Cato**)(公元前234年~公元前149年):罗马执政官、演说家

塞万提斯(米古埃·德)(Cervantes, Miguel de)(1547~1616)：西班牙作家

塞尚(保罗)(Cezanne, Paul)(1839~1906)：法国画家

钱伯斯(约翰)(Chambers, John)：美国经理人(Cisco 前首席执行官)

尚福(尼古拉)(Chamfort, Nicolas)(原名塞巴斯蒂安·洛赫·尼古拉,1741~1794)：法国作家

钱德勒(艾尔弗莱德)(Chandler, Alfred)(1918~2007)：美国经济史学家(哈佛大学)

香奈尔(可可)(Chanel, Coco)(原名加布利叶·夏内尔,1883~1971)：法国时装设计师

查加夫(艾尔文)(Chargaff, Erwin)(1905~2002)：美国生物学家

夏多布里昂(弗兰索瓦·德)(Chateaubriand, Francois de)(1768~1848)：法国作家、政治家

切斯特顿(吉尔伯特·凯斯)(Chesterton, Gilbert Keith)(1874~1936)：英国作家、诗人

丘吉尔(温斯顿)(Churchill, Winston)(1874~1965)：英国政治家、国家首相

西塞罗(Cicero)(公元前 106 年~公元前 43 年)：罗马演说家、执政官、哲学家

克莱尔沃(伯恩纳德·冯)(Clairvaux, Bernhard von)(约 1090~

1153）：法国中世纪神秘主义者

克拉克(约翰·莫里斯)(Clark, John Maurice)(1884~1963)：
美国经济学家

克拉克(阿瑟·C.)(Clarke, Arthur C.)(1916~)：英国作家

克劳迪乌斯(马蒂亚斯)(Claudius, Matthias)(1740~1815)：德
国诗人

克劳赛维茨(卡尔·冯)(Clausewitz, Carl von)(1780~1831)：
普鲁士将军、军事理论家

克里蒙梭(乔治)(Clemenceau, Georges)(1841~1929)：法国
总理

柯贝特(威廉)(Cobbett, William)(1763~1835)：英国政治家

科克托(让)(Cocteau, Jean)(1889~1963)：法国作家、导言、版
画家

考夫曼(保尔·B.)(Coffman, Paul B.)：美国足球运动员

科恩(莫里斯·拉菲尔)(Cohen, Morris Raphael)(1911~)：
美国经济学家

考利(J. 诺曼)(Collie. J. Norman)(1859~1942)：苏格兰科学
家、登山家

考尔顿(查尔斯·卡雷伯)(Colton, Charles Caleb)(1780~
1832)：英国小品文作家

考门纽斯(杨·阿莫斯)(Comenius, Jan Amos)(1592~1670)：
捷克神学家、教育家

康拉德（约瑟夫）（**Conrad, Joseph**）（原名约瑟夫·T.K.科尔岑尼沃夫斯基,1857～1924）：波兰裔英国作家

库利（查尔斯）（**Cooley, Charles**）（1864～1929）：美国社会学家

库利芝（卡尔文）（**Coolidge, Calvin**）（1872～1933）：美国第30任总统

柯雷（阿瑟·F.）（**Corey, Arthur F.**）：美国基督教作家

库登荷沃‐卡莱尔基（理查德·封）（**Coudenhove-Kalergi, Richard von**）（1894～1972）：奥地利‐匈牙利籍科学家、泛欧洲运动发起人

克罗默（格哈德）（**Cromme, Gerhard**）（1943～　）：德国经理人（蒂森电梯公司前总裁）

瑟弗（鲁兴）（**Cseve, Lucien**）

库兴（菲利普）（**Cushing, Philiip**）：英国经理人

卡特勒（劳瑞尔）（**Cutler, Laurel**）：美国经理人

克勒（西奥多）（**Cuyler, Theodore**）（1822～1909）：美国长老派教徒、作家

许宾斯基（尼克劳斯）（**Cybinski, Nikolaus**）（1936～　）：德国小品文作家

达伦多夫（拉尔夫）（**Dahrendorf, Ralf**）（1929～2009）：出生于德国的英国社会学家、政治家

达利（萨尔瓦多）（**Dali, Salvador**）（1904～1989）：西班牙画家

戴马西欧（安东尼奥）（**Damasio, Antonio R.**）：葡萄牙裔美国神

经病学家

但丁（阿里格耶里）（Dante，Alighieri）（1265~1321）：意大利诗人

达尔文（查尔斯）（Darwin，Charies）（1809~1882）：英国生物学家

达什切夫（维亚切斯拉夫）（Daschitschew，Wjatscheslaw）：俄国时事评论家

戴文波特（罗素·W.）（Davenport，Russell W.）：美国企业管理咨询顾问

戴文波特（托马斯）（Davenport，Thomas）（1802~1851）：美国发明家

戴维（凯瑟琳）（David，Catherine）（1954~　）：法国艺术展览策划者

戴维斯（斯坦）（Davis，Stan）：美国企业管理书籍作者

德波勒（海因里希）（Deborre，Heinrich）：德国宗教教师

德拉克洛瓦（欧仁）（Delacroix，Eugene）（1798~1863）：法国画家、版画家

戴明（W. 爱德华兹）（Deming，W. Edwards）（1900~1993）：美国咨询顾问

德谟克里特（Demokrit）（约公元前460年~公元前380年）：古希腊哲学家

狄摩西尼（Demothenes）（公元前384年~公元前322年）：古希

腊演说家

丹尼特(丹尼尔·C.)(Dennett, Daniel C.)(1942~　)：美国哲学教授、作家

笛卡儿(勒内)(Descartes, Rene)(1596~1650)：法国哲学家、数学家

戴西莫尼(利威欧·D.)(DeSimone, Livio D.)：美国经理人(3M公司前首席执行官)

戴特丁(亨利)(Deterding, Henry)：荷兰经理人(皇家壳牌公司前总裁)

杜克梅建(乔治)(Deukmejian, George)(1928~　)：美国政治家、加利福尼亚共和州前州长

迪希特(恩内斯特)(Dichter, Ernest)(1907~1991)：奥地利裔美国经济心理学家

狄德罗(丹尼斯)(Diderot, Denis)(1713~1784)：法国作家、哲学家

迪斯尼(沃尔特)(Disney, Walt)(1901~1966)：美国电影制片人、卡通画家

迪斯雷里(本杰明)(Disraeli, Benjamin)(1804~1881)：英国作家、政治家

多德勒尔(海米托·冯)(Doderer, Heimito von)(1896~1966)：奥地利作家

多林(莫里兹)(Doering, Moritz)：德国诗人

杜赫提(亨利·L.)(Doherty, Henry L.)：美国工业家(花旗服务公司创始人)

多兰(罗伯特·J.)(Dolan, Robert J.)(1948~　)：美国经济学家(哈佛大学)

多恩布什(吕迪格尔)(Dornbusch, Rüdiger)(1942~2002)：德裔美国经济学家

道格拉斯(G.诺曼)(Douglas, G. Norman)(1868~1952)：英国作家

道格拉斯(威廉·O.)(Douglas, William O.)(1888~1980)：美国法律学家(曾任美国最高法院大法官)

道(查尔斯)(Dow, Charles H.)(1851~1902)：美国经济记者

德拉海姆(彼得)(Draheim, Peter)(1941~　)：德国经理人(菲利普制药公司首席执行官)

德莱耶-爱姆布克(奥斯瓦尔德)(Dreyer-Eimbcke, Oswald)(1923~2010)：德国企业家

德鲁克(彼得·F.)(Drucker, Peter F.)(1909~2005)：奥地利裔美国经济学家、企业管理书籍作者

德莱顿(约翰)(Dryden, John)(1631~1700)：英国诗人

杜克斯(埃斯里)(Dukes, Ashley)(1885~1959)：英国剧作家

杜勒斯(约翰·福斯特)(Dulles, John Foster)(1888~1959)：美国外交官、政治家

大仲马(亚历山大)(Dumas D. J., Alexandre)(1824~1895)：

法国作家

　　顿克尔（乌尔弗）（Dunkel，Ulf）：德国版画家、记者

　　杜邦（Du Pont de Nemours）

　　杜兰（威尔）（Durant，Will）（1885~1981）：美国文化史学家、哲学家

　　杜尔（海因茨）（Dürr，Heinz）（1933~　）：德国经理人（德国铁路股份公司前首席执行官）

　　杜莱尔（劳伦斯）（Durrell，Lawrence）（1912~1990）：英国作家、诗人

　　迪伦马特（弗里德里希）（Durrenmatt，Friedrich）（1921~1990）：瑞士剧作家、小说家

　　杜丝（爱莲诺拉）（Duse，Eleonora）（1858~1924）：意大利舞台剧女演员

　　杜图尔（让）（Dutourd，Jean）（1920~　）：法国作家

　　迪伦（鲍伯）（Dylan，Bob）（原名罗伯特·齐默曼，1941~　）：美国民谣歌手和创作者

　　艾伯纳-艾欣巴赫（玛丽·冯）（Ebner-Eschenbach，Marie von）：奥地利女作家

　　爱迪生（托马斯·阿尔瓦）（Edison，Thomas Alva）（1847~1931）：美国发明家、物理学家

　　艾根（曼弗雷德）（Eigen，Manfred）（1927~2019）：德国生物化学家、诺贝尔奖得主（1967年）

爱因斯坦(阿尔伯特)(Einstein, Albert)(1879~1955)：出生于德国的美国物理学家,诺贝尔奖得主

艾森豪威尔(杜威特·D.)(Eisenhower, Dwight D.)(1890~1969)：美国将军、美国第34任总统

艾斯内(迈克尔)(Eisner, Michael)(1942~   )：美国经理人(沃尔特·迪斯尼公司总裁)

艾略特(乔治)(Eliot, George)(1819~1880)：英国女作家

艾略特(T. S.)(Eliot, T. S.)(1888~1965)：出生于美国的英国诗人

霭理士(哈弗洛克)(Ellis, Havelock)(1859~1939)：英国作家、医生

艾尔温(托马斯)(Ellwein, Thomas)(1927~1998)：德国政治学家

爱默生(拉尔夫·瓦尔多)(Emerson, Ralph Waldo)(1803~1882)：美国杂文作家、哲学家、诗人

厄尼乌斯(Ennius)(公元前239年~公元前169年)：罗马诗人

厄沃(约瑟夫·冯)(Eotvos, Jozsef von)：匈牙利政治家、作家

爱比克泰德(Epiktet)(约50年~138年)：古希腊哲学家

伊壁鸠鲁(Epikur)(公元前341年~公元前271年)：古希腊哲学家

恩斯特(保尔)(Ernst, Paul)(1866~1933)：德国作家

艾尔普夫(阿尔曼德)(Erpf, Armand)：美国出版商

艾尔斯金(约翰)(Erskine, John)(1879~1951)：美国文学研究家、作家

欧里比德斯(Euripides)(约公元前 480 年~公元前 407 年)：古希腊悲剧诗人

法勒尔(亚历克斯)(Faller, Alex)：奥地利发明家

法尔格(莱昂-保罗)(Fargue, Leon-Paul)(1878~1947)：法国诗人

弗兰斯沃斯(克莱德)(Fransworth, Clyde)：美国经济学家

福克纳(威廉)(Faulkner, William)(1897~1962)：美国作家

法尔(爱德加)(Faure, Edgar)(1908~1988)：法国法律学家、政治家

费里尼(费德里克)(Fellini, Federico)(1920~1993)：意大利电影导演

费尔斯(格哈德)(Fels, Gerhard)(1939~　　)：德国经理人(德国经济学院院长)

费尔瑙(约阿希姆)(Fernau, Joachim)(1909~1988)：德国作家

菲瑞斯(蒂摩斯)(Ferris, Timothy)：美国科普作家

孚伊希特斯勒本(恩斯特·冯)(Feuchtersleben, Ernst von)(1806~1849)：奥地利作家

费希特(约翰·戈特利布)(Fichte, Johann Gottlieb)(1762~1814)：德国哲学家

费比希(沃尔夫冈)(Fiebig, Wolfgang)

菲尔兹(W. C.)(Fields, W. C.)(原名威廉·克劳德-杜肯费尔德,1879~1946)：美国电影演员、剧本作家

芬克(威尔纳)(Finck, Werner)(1902~1978)：德国小型歌舞剧演员、舞台剧和电影演员

芬肯斯戴特(托马斯)(Finkenstaedt, Thomas)：德国文学研究家

菲兹杰拉德(爱德华)(Fitzgerald, Edward)(1919~2001)：美国出版家、撰书人

菲兹杰拉德(F. 司各特)(Fitzgerald, F. Scott)(1896~1940)：美国作家

福雷克(奥托)(Flake, Otto)(1880~1963)：德国作家

福楼拜(古斯塔夫)(Flaubert, Gustave)(1821~1880)：法国作家

弗莱舍(海因里希·勒伯莱希特)(Fleischer, Heinrich Leberecht)(1801~1888)：德国东方学家

弗雷施(鲁道夫)(Flesch, Rudolph)：语言学家

弗里克(海因里希)(Flik, Heinrich)：德国经理人(W.L. Gore & Associates 戈尔公司业务部主管)

福煦(费迪南)(Foch, Ferdinand)(1851~1929)：法国元帅

封登(让·德·拉)(Fontaine, Jean de la)(1621~1695)：法国作家、诗人

冯塔纳(提奥多)(**Fontane, Theodor**)(1819~1929)：德国作家、诗人

富特(依萨克)(**Foot, Isaac**)(1880~1960)：英国自由派政治家

福布斯(**B. C.**)(**Forbes, B. C.**)(1880~1954)：苏格兰裔美国出版家、记者

福特(亨利)(**Ford, Henry**)(1863~1947)：美国汽车工业企业家

福斯特(罗杰)(**Foster, Roger**)：英国企业家(Apricot 电脑公司创始人)

福斯特(威拉·**A.**)(**Foster, Willa A.**)

法朗士(阿纳托尔)(**France, Anatole**)(1844~1924)：法国作家

富兰克林(本杰明)(**Franklin, Benjamin**)(1706~1790)：美国政治家、作家、自然科学家

弗洛伊德(西格蒙德)(**Freud, Sigmund**)(1856~1939)：奥地利医生、心理学家、心理分析学派创始人

弗里德曼(迈耶)(**Friedman, Meyer**)：美国心脏病学家

弗里德曼(密尔顿)(**Friedman, Milton**)(1912~2006)：美国经济学家、诺贝尔奖得主

腓特烈大帝(**Friedrich der Grobe**)(1712~1786)：弗里德里希二世,普鲁士国王

弗里德里希四世(威廉)(**Friedrich Wilhelm IV.**)(1795~1861)：普鲁士国王

弗利斯(莱因诺尔德·M.)(Fries, Reinold M.)：德国经理人

弗里施(马克斯)(Frisch, Max)(1911~1991)：瑞士作家、剧作家

弗洛姆(艾里希)(Fromm, Erich)(1900~1980)：德裔美国心理分析学家

弗罗斯特(罗伯特)(Frost, Robert)(1874~1963)：美国抒情诗人

福克斯(尤根)(Fuchs, Jurgen)：德国经理人(CSC Ploenzke 股份公司负责人之一)

福格尔(安东)(Fugger, Anton)(1493~1560)：德国商人

富布赖特(詹姆斯·威廉)(Fulbright, James William)(1905~1995)：美国政治家

富尔达(路德维希)(Fulda, Ludwig)(1862~1939)：德国作家、诗人

富勒尔(托马斯)(Fuller, Thomas)(1608~1661)：英国神学家、哲学家

弗尔斯滕贝格(卡尔)(Furstenberg, Carl)(1850~1933)：德国金融家

加尔布雷斯(约翰·肯尼斯)(Galbraith, John Kenneth)(1908~2006)：美国外交官、经济学家、撰书人

伽利略(伽利雷欧)(Galilei, Galileo)(1564~1642)：意大利物理学家、天文学家

高尔特（约翰）（**Galt, John**）（1799~1839）：苏格兰作家

甘地（英迪拉）（**Gandhi, Indira**）（1917~1984）：印度女政治家

甘地（马哈特玛）（**Gandhi, Mahatma**）（1869~1948）：印度政治家、哲学家

加尔达（罗伯特·A.）（**Garda, Robert A.**）：美国经济学家（杜克大学）

加德纳（霍华德）（**Gardner, Howard**）（1943~　）：美国心理学家（哈佛大学）

加里森（威廉·L.）（**Garrison, William L.**）（1805~1879）：美国记者、慈善家

盖茨（比尔）（**Gates, Bill**）（1955~　）：美国企业家（微软公司创始人）

加特诺（卡雷伯）（**Gattegno, Kalleb**）

戴高乐（夏尔）（**Gaulle, Charles de**）（1890~1970）：法国大将军、政治家

高索曼（保罗）（**Gausdmann, Paul**）：德国企业家、发明家

盖伯尔（伊曼努尔）（**Geibel, Emanuel**）（1815~1884）：德国诗人、剧作家

盖迪（J. 保罗）（**Getty, J. Paul**）（1892~1976）：美国工业家

格乌尔森（罗伯特）（**Geursen, Robert**）：荷兰裔德国经理人（Aventis 公司）

格斯（阿里德）（**Geus, Arie de**）：荷兰经理人、企业管理书籍作

者(皇家壳牌公司)

盖森(埃迪)(Geysen, Eddy):经理人(通用汽车欧洲分支采购部主管)

吉布森(伊安)(Gibson, Ian)

基尔施(赫伯特)(Giersch, Herbert)(1921~　):德国经济学家

吉尔德(乔治)(Gilder, George)(1939~　):美国企业管理书籍作者

季奥诺(让)(Giono, Jean)(1895~1970):法国作家、剧作家

吉斯林(乔治)(Gisling, George)

格拉索夫(阿诺尔德)(Glasow, Arnold)

歌德(约翰·沃尔夫冈·冯)(Goethe, Johann Wolfgang von)(1749~1832):德国诗人、剧作家

戈德佛特(丹尼尔)(Goeudevert, Daniel):法裔德国经理人(Ford-Werke 股份公司前首席执行官)

戈伊苏埃塔(罗贝托·C.)(Goizueta, Roberto C.)(1931~1998):古巴裔美国经理人(可口可乐公司前首席执行官)

戈德斯密斯(詹姆斯)(Goldsmith, James)(1933~　):出生于英国的法国投资家(戈德斯密斯基金会总裁)

戈尔茨(博古米尔)(Goltz, Bogumil)(1801~1870):德国杂文作家、小说家

冈伯斯(萨缪尔)(Gompers, Samul)(1850~1924):美国工会

运动领袖

戈特（艾米尔）（Gott，Emil）（1864～1908）：德国作家

戈特赫尔夫（耶雷米阿斯）（Gotthelf，Jeremias）（原名阿尔伯特·毕齐乌斯，1797～1854）：瑞士神职人员、作家

格拉希安（巴尔塔萨）（Gracian，Balthasar）（1601～1658）：西班牙作家、哲学家

格拉格（查尔斯·I.）（Gragg，Charles I.）

格拉斯（君特）（Grass，Günter）（1927～2015）：德国作家、诺贝尔文学奖得主

格林（海蒂）（Green，Hetty）（1834～1916）：美国女投机商

格林欣（托马斯）（Gresham，Thomas）（1519～1579）：英国金融家

葛里斯基（威纳）（Gretzky，Wayne）（1961～　）：美国曲棍球运动员

格里尔帕策（弗兰茨）（Grillparzer，Franz）（1791～1872）：奥地利剧作家、诗人

格罗曼（克劳斯）（Grohmann，Klaus）：德国企业家

格罗斯（君特·F.）（Gross，Günter F.）

格罗斯（约翰内斯）（Gross，Johannes）（1932～1999）：德国时事评论家（Gruner & Jahr 有限公司前负责人之一）

格罗瑟-沃特林豪斯（维甘德）（Grooe-Oetringhaus，Wigand）：德国经理人（西门子股份公司）

格罗特坎普(君特)(Grotkamp, Gunther)(1927~　)：德国出版商(《西德汇报》)

格鲁夫(安德鲁)(Grove, Andrew)(1936~　)：匈牙利裔美国经理人(英特尔公司的首席执行官)

格鲁伯(H. E.)(Gruber, H. E.)：美国社会学家、创造性问题研究专家

格律纳瓦尔德(赫伯特)(GrUnewald, Herbert)(1921~　)：德国经理人(拜尔股份公司监理顾问团名誉主席)

瓜尔蒂尼(罗曼诺)(Guardini, Romano)(1885~1968)：意大利裔德国神学家、哲学家

瓜热什(乔凡尼)(Guareschi, Giovanni)(1908~1968)：意大利作家

古腾贝格(艾里希)(Gutenberg, Erich)(1897~1984)：德国经济学家

根佛兰德(约翰)(Gutfreund, John)(1929~　)：美国投资银行家

古茨科(卡尔)(Gutzkow, Karl)(1811~1878)：德国作家、记者、戏剧顾问

哈斯(罗伯特)(Haas, Robert)：美国经理人(李维斯牛仔服饰公司前首席执行官)

哈贝(汉斯)(Habe, Hans)(1911~1977)：奥地利裔美国时事评论家、作家

哈德迪（R. 厄尔）（Hadady, R. Earl）：美国企业管理书籍作者

哈伯斯塔姆（大卫）（Halberstamm, David）：美国企业管理书籍作者

霍尔丹（约翰·司各特）（Haldane, John Scott）（1860~1936）：英国生理学家、作家

哈利法克斯（爱德华·伍德）（Halifax, Edward Wood）（1881~1959）：英国政治家

哈马绍（达格）（Hammarskjold, Dag）（1905~1961）：瑞典政治家、联合国秘书长、诺贝尔和平奖得主

哈默（阿尔曼德）（Hammer, Armand）（1898~1990）：美国工业家

哈蒙德（约翰）（Hammond, John）：美国经理人

汉泽曼（大卫）（Hansemann, David）（1790~1864）：普鲁士政治家、金融家

哈柏（恩斯特）（Happel, Ernst）：奥地利足球运动员、足球教练

哈姆斯沃斯（艾尔弗雷德）（Harmsworth, Alfred）（1865~1922）：英国记者、报业大王

哈珀（马里恩）（Harper, Marion）（1916~1989）：美国广告代理人（纽约英特帕布利克集团创始人）

哈里斯（托马斯）（Harris, Thomas A.）：美国心理学家、作家

豪普特曼（格尔哈特）（Hauptmann, Gerhart）（1862~1946）：德国作家

霍金(斯蒂芬·W.)(Hawking, Stephen W.)(1942~　)：英国物理学家

哈耶克(弗里德里希·冯)(Hayek, Friedrich von)(1899~1992)：奥地利裔英国国民经济学家、社会哲学家

海耶斯(詹姆斯·L.)(Hayes, James L.)：美国经理人(美国管理学会会长)

哈兹里特(威廉)(Hazlitt, William)(1778~1839)：英国作家

希斯(爱德华)(Heath, Edward)(1916~2006)：英国政治家

黑贝尔(弗里德里希)(Hebbel, Friedrich)(1813~1863)：德国诗人

赫伯尔(约翰·彼得)(Hebel, Johann Peter)(1760~1826)：德国诗人

黑格尔(格奥尔格·威廉·弗里德里希)(Hegel, Georg Wilhelm Friedrich)(1770~1831)：德国哲学家

海曼(莫里茨)(Heimann, Moritz)(1868~1925)：德国作家

海涅(海因里希)(Heine, Heinrich)(1797~1856)：德国诗人、政论家

海纳(库尔特)(Heine, Kurt)：德国经理人(Loewe Opta 有限公司)

海涅(威廉)(Heine, Wilhelm)

海纳曼(古斯塔夫)(Heinemann, Gustav)(1899~1976)：德国政治家、联邦德国第 3 任总统

海尼格（安德烈）（Heiniger, Andre）（1921~2000）：瑞士企业家（劳力士公司）

海莱因（罗伯特·A.）（Heinlein, Robert A.）（1907~1988）：美国作家

海因泽（威廉）（Heinse, Wilhelm）（1746~1803）：德国诗人

海勒（罗伯特）（Heller, Robert）：美国企业管理书籍作者

爱尔维修（克劳迪－安德里安）（Helvetius, Claude-Adrien）（1715~1771）：法国哲学家

赫尔策（列奥·B.）（Helzed, Leo B.）：美国企业管理书籍作者

海明威（欧内斯特）（Hemingway, Ernest）（1899~1961）：美国作家、诺贝尔文学奖得主

亨克尔（汉斯－欧拉夫）（Henkel, Hans-Olaf）（1940~　）：德国经理人（德国工业协会会长）

亨克夫（罗纳德）（Henkoff, Ronald）：美国记者（《财富》杂志）

赫拉克里特（Heraklit）（约公元前540年~公元前480年）：古希腊哲学家

赫伯特（乔治）（Herbert, George）（1922~　）：美国经理人

赫布斯特（沃尔夫冈）（Herbst, Wolfgang）（1925~　）：德国作家

赫尔德（约翰·戈特弗里德）（Herder, Johann Gottfried）（1744~1803）：德国哲学家、作家、神学家

赫尔曼（露丝）（Hermann, Ruth）：美国女作家

海尔豪森(阿尔弗莱德)(Herrhausen, Alfred)(1930~1989)：德国金融家(德意志银行前总裁)

赫尔希(密尔顿)(Hershey, Milton S.)(1857~1945)：美国糖果行业企业家

赫兹(约翰·H.)(Herz, John H.)：美国政治学家

赫尔佐格(罗曼)(Herzog, Roman)(1934~2017)：德国国家法学家、政治家、联邦德国第7任总统

黑塞(赫尔曼)(Hesse, Hermann)(1877~1962)：德国诗人、作家

黑辛(雅各布)(Hessing, Jacob)：荷兰哲学家

黑特里希(维尔纳·L.)(Hetterich, Werner L.)：德国建筑师

豪斯(提奥多)(Heuss, Theodor)(1884~1963)：德国政治家、联邦德国首任总统

休伊特(唐)(Hewitt, Don)(1922~　　)：美国电视制片人

希尔伯特(大卫)(Hilbert, David)(1862~1943)：德国数学家

希尔(拿破仑)(Hill, Napoleon)(1883~1970)：美国企业管理书籍作者

希勒克(克劳斯)(Hilleke, Klaus)(1959~　　)：德国企业咨询顾问(西蒙-库赫及伙伴战略与市场顾问公司)

希尔迪(卡尔)(Hilty, Carl)(1833~1909)：瑞士法官、政治家

希伯尔(提奥多·戈特利布·冯)(Hippel, Theordor Gottlieb von)(1741~1796)：德国诗人

霍布斯（托马斯）（Hobbes, Thomas）（1588～1679）：英国哲学家

霍克尼（大卫）（Hockney, David）（1937～　）：英国艺术家

霍弗尔（埃里克）（Hoffer, Eric）（1902～1983）：美国作家

霍夫曼斯塔尔（胡戈·冯）（Hofmannsthal, Hugo von）（1874～1929）：奥地利诗人

霍恩内姆泽（恩斯特）（Hohenemser, Ernst）：德国小品文作家、翻译家

霍恩斯坦（葛茨）（Hohenstein, Gotz）（1911～1999）：德国企业家

荷尔德林（弗里德里希）（Holderlin, Friedrich）（1770～1843）：德国诗人

霍尔茨（赫尔曼）（Holtz, Hermann）：美国政治咨询顾问

霍珀尔（马克斯）（Hopper, Max）：美国经理人（美国航空公司）

大前研一（Hori, Korchi）：日本企业咨询顾问

霍尔拉赫（米歇尔）（Horlacher, Michael）（1888～1957）：德国政治家

豪（爱德加·华生）（Howe, Edgar Watson）（1853～1937）：美国记者

哈伯德（艾尔伯特）（Hubbard, Elbert）（1856～1915）：美国杂文作家

胡赫（里卡尔达）（Huch, Ricarda）（1864～1947）：德国女诗人

雨果(维克多)(Hugo, Victor)(1802~1885)：法国作家

洪堡(亚历山大·冯)(Humboldt, Alexander von)(1769~1859)：德国自然科学家

洪堡(威廉·冯)(Humboldt, Wilhelm von)(1767~1835)：德国艺术和语言学家、政治家

休谟(大卫)(Hume, David)(1711~1776)：苏格兰哲学家、历史学家

亨特(霍华德·T.)(Hunter, Howard T.)

胡罗克(索尔)(Hurok, Sol)(1888~1974)：俄罗斯裔美国剧团经理人

赫克斯利(爱多斯)(Huxley, Aldous)(1894~1963)：美国作家

赫克斯利(尤利安)(Huxley, Julian)(1887~1975)：英国生物学家、联合国教科文组织前总干事

赫胥黎(托马斯·亨利)(Huxley, Thomas Henry)(1825~1895)：英国生物学家、生理学家

许斯曼斯(勒内)(Huysmans, Rene)：荷兰语言学家

艾科卡(李)(Iacocca, Lee)(1924~2019)：美国汽车行业经理人(克莱斯勒公司前首席执行官)

易卜生(亨利克)(Ibsen, Henrik)(1828~1906)：挪威剧作家

伊默尔曼(卡尔)(Immermann, Karl)(1796~1840)：德国诗人、剧作家

英格索尔(罗伯特·G.)(Ingersoll, Robert G.)(1833~1899)：

美国律师、演说家

尤内斯库（尤金）（Ionesco, Eugene）（1912~1994）：罗马尼亚裔法国剧作家

雅各布（佛朗索瓦）（Jacob, Francois）（1920~2013）：法国遗传学家、诺贝尔奖得主

雅各比（弗里德里希·海因里希）（Jacobi, Friedrich Heinrich）（1743~1819）：德国作家、哲学家

雅各比（约翰）（Jacoby, Johann）（1805~1877）：普鲁士医生、政治家

雅克普（海因里希）（Jakopp, Heinrich）：德国工业家

詹姆斯（威廉）（James, William）（1842~1910）：美国心理学家、哲学家

雅斯贝尔思（卡尔）（Jaspers, Karl）（1883~1969）：德国哲学家

让·保尔（Jean Paul）（原名让·保尔·弗里德里希·里希特，1763~1825）：德国作家

杰斐逊（托马斯）（Jefferson, Thomas）（1743~1826）：美国第3任总统

耶斯克（尤根）（Jeske, Jürgen）（1935~　）：德国记者（《法兰克福汇报》发行人）

耶森（彼得）（Jessen, Peter）

耶林（鲁道夫·冯）（Jhering, Rudolf von）（1818~1892）：德国法官、法律教师

约翰逊(本)(**Johnson，Ben**)(1961~　　)：加拿大田径运动员

约翰逊(萨缪尔)(**Johnson，Samuel**)(1709~1784)：英国作家、批评家

约纳斯(汉斯)(**Jonas，Hans**)(1903~1993)：出生于德国的美国哲学家、宗教学家

琼斯(富兰克林)(**Jones，Franklin**)

约瑟夫森(马修)(**Josephson，Matthew**)(1899~1978)：美国传记作家

儒贝尔(约瑟夫)(**Joubert，Joseph**)(1754~1824)：法国道德哲学家、箴言诗作者

儒弗鲁瓦(西蒙-提奥多)(**Jouffroy，Simon-Theodore**)(1796~1842)：法国哲学家

云格尔(恩斯特)(**Jünger，Ernst**)(1895~1998)：德国作家

云格尔(弗里德里希·格奥尔格)(**Jünger，Friedrich Georg**)(1898~1977)：德国作家、诗人

尤根森(哈拉尔德)(**Jürgensen，Harald**)(1924~　　)：德国经济学家

卡夫卡(弗兰茨)(**Kafka，Franz**)(1883~1924)：出生于捷克的奥地利作家

凯泽(亨利·**J.**)(**Kaiser，Henry J.**)(1882~1967)：美国工业家

御手洗富士夫(**Kaku，Ruzaburo**)：日本经理人(佳能公司总裁)

康德(伊曼努尔)(**Kant, Immanuel**)(1724~1804)：德国哲学家

康特(罗莎贝丝·M.)(**Kanter, Rosabeth M.**)(1943~　)：美国女经济学家(哈佛大学)

卡普费雷(让–诺尔)(**Kapferer, Jean-Noel**)：法国经济学家(巴黎高等商业学院)

卡普兰(杰瑞)(**Kaplan, Jerry**)：美国企业家

卡斯贝尔(汉斯)(**Kasper, Hans**)(原名迪特里希·胡伯特，1916~1990)：德国作家、小品文作家

凯斯特纳(艾利希)(**Kastner, Erich**)(1899~1974)：德国作家、记者

考夫曼(斯图亚特)(**Kauffmann, Stuart**)：美国生物物理学家

凯(阿伦)(**Kay, Alan**)：美国经理人(苹果电脑公司)

凯利(詹姆斯)(**Kelly, James**)(1913~2003)：美国艺术家

凯利(乔)(**Kelly, Joe**)：加拿大科学家

凯利(沃尔特)(**Kelly, Walt**)(1913~1973)：美国卡通画家

凯南(乔治·F.)(**Kennan, George F.**)(1904~2005)：美国外交官、历史学家

肯尼迪(约翰·F.)(**Kennedy, John F.**)(1917~1963)：美国第35任总统

肯尼迪(罗伯特·F.)(**Kennedy, Robert F.**)(1925~1968)：美国政治家

凯尔尼希(克劳斯)(**Kernig, Klaus**)(1927~2019)：德国社会

学家

科恩勒(赫尔穆特)(Kernler, Helmut):德国经济信息学家

凯尔斯滕(汉斯–赫尔曼)(Kersten, Bans-Hermann)(1928~1986):德国小品文作家

凯泽(肯·艾尔顿)(Kesey, Ken Elton)(1935~2001):美国作家

凯瑟尔(马丁)(Kessel, Martin)(1901~1990):德国作家、诗人

凯特林(查尔斯·F.)(Kettering, Charles F.)(1876~1958):美国工程师、发明家

凯恩斯(约翰·梅纳德)(Keynes, John Maynard)(1883~1946):英国经济学家、外交官

克尔凯郭尔(索伦)(Kierkegaard, Søren)(1813~1855):丹麦神学家、哲学家、作家

基廉(汉斯)(Kilian, Hans)(原名爱德华·威尔德哈根,1890~):德国作家

金斯利(查尔斯)(Kingsley, Charles)(1819~1875):英国作家

科克帕特里克(大卫)(Kirkpatrick, David):美国经济记者

季顺(艾弗莱姆)(Kishon, Ephraim)(1924~2005):以色列作家

基辛格(亨利)(Kissinger, Henry)(1923~):德裔美国政治学家、前国务卿、诺贝尔和平奖得主

克莱斯特(海因里希·冯)(Kleist, Heinrich von)(1777~

1811)：德国作家

克林格(弗里德里希·马克希米廉·冯)(**Klinger, Friedrich Maximilian von**)(1752~1831)：德国作家、剧作家

克鲁格(库尔特)(**Kluge, Kurt**)(1886~1940)：德国雕刻家

克内伯尔(卡尔·路德维希·冯)(**Knebel, Carl Ludwig von**)(1744~1834)：德国军官、歌德的朋友

奈特(查尔斯)(**Knight, Charles**)：美国经理人(爱默森电气公司总裁)

奈特(菲利普·H.)(**Knight, Philip H.**)(1938~　　)：美国企业家(耐克公司)

克努特森(威廉)(**Knudsen, William**)(1879~1948)：美国工业家

库斯特勒(阿瑟)(**Koestler, Arthur**)(1905~1983)：匈牙利裔英国作家

科科施卡(奥斯卡)(**Kokoschka, Oskar**)(1886~1980)：奥地利画家、诗人

孔子(**Konfuzius**)(约公元前551年~公元前479年)：中国哲学家

柯尔伯(库尔特·A.)(**Korber, Kurt A.**)(1909~1992)：德国企业家(Hauni 股份公司创始人)

科特勒(菲利普)(**Kotler, Philip**)：美国市场营销学家(西北大学)

克莱斯海默(汉斯)(**Krailsheimer, Hans**)(1888~1958)：德国小品文作家

克劳斯(卡尔)(**Kraus, Karl**)(1874~1936)：奥地利作家

克劳斯(英戈)(**Krauss, Ingo**)：德国广告经理人

克劳茨(罗伯特)(**Krausz, Robert**)：美国投资顾问

克雷布斯(汉斯)(**Krebs, Hans**)(1900~1981)：德裔英国生物化学家,诺贝尔奖得主

科罗克(雷·A.)(**Kroc, Ray A.**)(1902~1984)：美国快餐企业家(麦当劳公司创始人)

克罗厄尔(海因茨)(**Kroehl, Heinz**)(1935~　)：德国传播设计学专家

克罗恩瑟德(赫尔曼)(**Kronseder, Hermann**)(1924~2010)：德国企业家(Krones 公司创始人)

克吕格(维尔弗里德)(**Krüger, Wilfried**)(1943~　)：德国经济学家

克鲁沃(H. E.)(**Kruwer, H. E.**)：美国创造性问题研究专家

库伯切克(格哈德)(**Kubetschek, Gerhard**)

库祖斯(汉斯)(**Kudszus, Hans**)(1901~1977)：德国作家

昆(艾米尔)(**Kung, Emil**)：瑞士经济学家

库普佛贝格(蒂利)(**Kupferberg, Tilly**)

拉罗什富科(弗兰索瓦)(**La Rochefoucauld, Francois**)(1613~1680)：法国小品文作家

拉格菲尔德(卡尔)(**Lagerfeld, Karl**)(1933~2019)：德国时装设计师

雷克(米歇尔)(**Laker, Michael**)(1958~　)：德国企业咨询顾问(西蒙-库赫及伙伴战略与市场顾问公司)

拉马丁(阿尔封斯·德)(**Lamartine, Alphonse de**)(1790~1869)：法国诗人、政治家、历史学家

兰佩杜萨(乔瑟普·托马齐·迪)(**Lampedusa, Giuseppe Tomasi di**)(1896~1957)：意大利作家

兰凯斯特(伯特)(**Lancaster, Burt**)(1913~1994)：美国电影演员

朗根塞特(弗罗里安)(**Langenscheidt, Florian**)(1955~　)：德国出版商、撰书人

老子(**Lao-tse**)(？~?)：中国哲学家

劳伯(加布利叶)(**Laub, Gabriel**)(1928~　)：德国作家

劳达(尼基)(**Lauda, Niki**)(1949~　)：奥地利赛车手、企业家

兰黛(雅诗)(**Lauder, Estée**)(1908~2004)：美国化妆品行业企业家(雅诗兰黛公司)

劳伦斯(大卫·赫伯特)(**Lawrence, David Herbert**)(1885~1930)：英国小说家

劳伦斯(托马斯·E.)(**Lawrence, Thomas E.**)(阿拉伯的劳伦斯,1888~1935)：英国士兵、作家

雷(鲁珀特)(**Lay, Rupert**)(1929~　)：德国耶稣会士、作家

勒伯夫(迈克尔)(Le Boeuf, Michael)：美国企业管理书籍作者

勒卡雷(约翰)(Le Carre, John)(原名大卫·J. M. 科恩威尔，1931~2020)：英国作家

勒克(斯坦尼斯洛)(Lec, Stanislaw)(1909~1966)：波兰小品文作家、诗人、讽刺作家

利特(梅瑞德·R.)(Leet, Mildred R.)(1922~2011)：美国经理人、咨询顾问

雷曼(克利斯托夫)(Lehmann, Christoph)(约1570~1638)：德国诗人、施佩耶尔市文书

莱布尼茨(戈特弗里德·威廉)(Leibniz, Gottfried Wilhelm)(1646~1716)：德国学者

勒瑙(尼克劳斯)(Lenau, Nikolaus)(原名弗兰茨·尼姆布什，1802~1850)：奥地利作家

列宁(伏拉基米尔·I.)(Lenin, Vladimir I.)(1870~1924)：俄国政治家、革命家

莱奥帕尔迪(贾柯莫)(Leopardi, Giacomo)(1798~1837)：意大利诗人

勒鲁(皮埃尔)(Leroux, Pierre)(1797~1871)：法国哲学家、政论家

莱辛(戈特赫尔德·艾弗莱姆)(Lessing, Gotthold Ephraim)(1729~1781)：德国作家、批评家

列文森(萨姆)(Levenson, Sam)(1911~1980)：美国幽默作家

莱维（加斯东·德）（Levis, Gaston de）（1764~1830）：法国小品文作家

列维特（西奥多）（Levitt, Theodore）（1925~　）：德裔美国市场营销专家（哈佛商学院）

列文（库尔特）（Lewin, Kurt）（1890~1947）：德裔美国心理学家

里希腾贝格（格奥尔格·克利斯托夫）（Lichtenberg, Georg Christoph）（1742~1799）：德国物理学家、哲学家、作家

利比希（尤斯图斯·冯）（Liebig, Justus von）（1803~1873）：德国化学家

赖特福特（撒拉·劳伦斯）（Lightfoot, Sarah Lawrence）：美国教育学家（哈佛教育学院）

林肯（亚伯拉罕）（Lincoln, Abraham）（1809~1865）：美国第16任总统

林克（戴特莱夫·B.）（Linke, Detlef B.）：德国脑科学专家、医生

李普曼（沃特）（Lippmann, Walter）（1889~1974）：美国记者、政治家

利普纳（海纳）（Lippuner, Heiner）：瑞士经理人（Ciba-Ceigy 股份公司前总裁）

李斯特（弗兰茨）（Liszt, Franz）（1811~1886）：匈牙利作曲家、钢琴家

里特曼(彼得)(Littmann,Peter)(1947~　　)：德国经理人

李文斯敦(大卫)(Livingstone, David)(1813~1873)：英国旅行家

利奥-乔治(戴维)(Lloyd-George, David)(1863~1945)：英国政治家、首相

洛克(约翰)(Locke, John)(1632~1704)：英国哲学家

勒布(杰拉尔德·M.)(Loeb, Gerald M.)(1948~　　)：美国生物科学家

罗高(弗里德里希·冯)(Logau, Friedrich von)(1604~1655)：德国诗人

朗费罗(亨利·W.)(Longfellow, Henry W.)(1807~1882)：美国小说家、翻译家

罗伦兹(克里斯托夫)(Lorenz, Christopher)：英国记者(《金融时报》发行人)

罗伦兹(康拉德)(Lorenz, Konrad)(1903~1989)：奥地利动物学家、人种学家,诺贝尔奖得主

洛威尔(詹姆斯·拉塞尔)(Lowell, James Russell)(1819~1891)：美国作家

洛威尔(罗伯特)(Lowell, Robert)(1917~1977)：美国抒情诗人

罗耀拉(伊格纳裘斯·冯)(Loyola, Ignatius von)(1491~1556)：西班牙神学家、天主教耶稣会创始人

吕贝(赫尔曼)(**Lubbe, Hermann**)(1926~   )：瑞士哲学教授

卢克莱修(**Lucretius**)(公元前96年~公元前55年)：罗马诗人、哲学家

卢曼(尼克拉斯)(**Luhmann, Niklas**)(1928~1998)：德国社会学家

卢茨(罗伯特·A.)(**Lutz, Robert A.**)(1932~   )：瑞士裔美国经理人

林奇(彼得)(**Lynch, Peter**)(1944~   )：美国规划顾问

麦克阿瑟(道格拉斯)(**MacArthur, Douglas**)(1880~1964)：美国将军

麦克考雷(托马斯·B.)(**Macaulay, Thomas B.**)(1800~1859)：英国政治家、历史学家

马基雅维利(尼克洛)(**Machiavelli, Niccolo**)(1469~1527)：意大利政治家、作家

麦凯(哈维)(**Mackay, Harvey**)：美国记者、企业管理书籍作者、企业家

麦克米兰(哈罗德)(**Macmillan, Harold**)(1894~1986)：英国政治家、首相

梅道克斯(约翰)(**Maddox, John**)：出版家、科学家

玛格亚(喀什米尔·M.)(**Magyar, Kasimir M.**)：瑞士企业管理书籍作者

马尔曼(希格弗里德·奥古斯特)(**Mahlmann, Siegfried August**)

（1771～1826）：德国政论家、诗人

麦斯特（戴维·H.）（Maister, David H.）：美国人力资源顾问

马尔罗（安德烈）（Malraux, Andre）（1901～1976）：法国政治家、作家

曼（托马斯）（Mann, Thomas）（1875～1955）：德国作家，诺贝尔文学奖得主

马尔坎特（亨利）（Marchant, Henry）（1741～1796）：美国政治家

马库斯（斯坦利）（Marcus, Stanley）（1905～2002）：美国货物邮递行业企业家（Neiman-Marcus 百货公司前总裁）

马尔库塞（路德维希）（Marcus, Ludwig）（1894～1971）：德国政论家、哲学家

马柯（胡贝尔特）（Markl, Hubert）（1938～2015）：德国生物学家（德国马谱学会会长）

莫洛亚（安德烈）（Maurois, Andre）（1885～1967）：法国作家

马尔克斯（加布利叶·加西亚）（Marquez, Gabriel Garcia）（1928～　）：哥伦比亚作家

马尔克斯（唐纳德）（Marquis, Donald）（1878～1937）：美国作家

马歇尔（约翰）（Marshall, John）（1755～1835）：美国法官（美国最高法院大法官）

马特（马塞尔）（Mart, Marcel）：法国作家

马丁(恩斯特)(**Martin, Ernst**)：德国经理人

马克思(卡尔)(**Marx, Karl**)(1818~1883)：德国经济学家、哲学家

松下幸之助(**Matsushita, Konosuke**)(1894~1989)：日本工业家(松下电器产业株式会社创始人)

毛赫尔(赫尔穆特)(**Maucher, Helmut**)(1927~2018)：德裔瑞士经理人(雀巢公司前首席执行官)

毛姆(威廉·萨默塞特)(**Maugham, William Somerset**)(1874~1965)：英国作家

莫里亚克(弗兰索瓦)(**Mauriac, Francois**)(1885~1970)：法国小说家

麦卡锡(尤金)(**McCarthy, Eugene**)(1916~2005)：美国政治家

麦考梅克(马克)(**McCormack, Mark**)(1930~2003)：美国企业家、企业管理书籍作者

麦肯罗(约翰)(**McEnroe, John**)(1959~　)：美国职业网球选手

麦金托什(C. C.)(**McIntosh, C. C.**)

麦克劳琳(米涅)(**McLaughlin, Mignon**)：美国女记者、作家

麦克卢汉(赫伯特·马歇尔)(**McLuhan, Herbert Marshall**)(1911~1980)：加拿大传播学专家、政论家

麦克纳玛拉(罗伯特)(**McNamara, Robert**)(1916~2009)：美国商人、政治家

麦克内伊(罗伯特)(McNay, Robert)

麦克维(菲利普)(MeVey, Philip)

米德(玛格丽特)(Mead, Margaret)(1901～1978)：美国人类学家

迈耶(维尔纳·P.)(Meier, Werner P.)：德国经理人

麦斯纳(托尼)(Meissner, Toni)：德国电视记者、撰书人

梅勒罗维茨(康拉德)(Mellerowicz, Konrad)(1891～1984)：德国经济学家

孟肯(亨利·L.)(Mencken, Henry L.)(1880～1956)：美国作家、记者

门德尔松(阿诺尔德)(Mendelssohn, Arnold)(1855～1933)：德国作曲家

门德尔松－巴托尔蒂(费利克斯)(Mendelssohn-Bartholdy, Felix)(1809～1847)：德国作曲家

孟根(安德里亚斯)(Mengen, Andreas)：德国经理人

梅尔克勒(汉斯)(Merkle, Hans)(1913～2000)：德国经理人(罗伯特·博世有限公司前总裁)

梅斯纳尔(莱因霍尔德)(Messner, Reinhold)(1944～　)：意大利登山家、作家

米开朗琪罗(Michelangelo)(1475～1564)：意大利雕刻家、画家、建筑师、诗人

米德尔霍夫(托马斯)(Middelhoff, Thomas)(1953～　)：德国

经理人(贝塔斯曼有限公司首席执行官)

米勒(鲁道夫)(Miele, Rudolf)(1929~2004)：德国经理人(Miele & Cie 股份公司首席执行官)

米约(达柳斯)(Milhaud, Darius)(1892~1974)：法国作曲家

密尔(约翰·斯图亚特)(Mill, John Stuart)(1806~1873)：英国哲学家、国民经济学家

米勒(亨利)(Miller, Henry)(1891~1980)：美国作家

米尔尼(A. A.)(Milne, A. A.)(1882~1956)：英国作家

明兹柏格(亨利)(Mintzberg, Henry)(1939~　)：加拿大经济学家、企业管理书籍作者

米拉波(让)(Mirabeau, Jean)(1749~1791)：法国政治家

米塞斯(路德维希·冯)(Mises, Ludwig von)(1881~1973)：奥地利经济学家

米茨(维尔纳)(Mitsch, Werner)：德国小品文作家

米切里希(亚历山大)(Mitscherlich, Alexander)(1908~1982)：德国医生、心理学家

米兹内尔(威尔逊)(Mizner, Wilson)(1876~1933)：美国电影剧本作家

莫里哀(Moliere)(原名让·巴蒂斯特·柏奎兰, 1622~1673)：法国诗人

莫尔特克(赫尔穆特·冯)(Moltke, Helmuth von)(1848~1916)：德国将军

蒙贝格(沃尔夫冈)(Momberger, Wolfgang)：德国经理人

门罗(肯特·B.)(Monroe, Kent B.)：美国经济学家

蒙田(米歇尔·德)(Montaigne, Michel de)(1533~1592)：伦理哲学家、作家、法官

孟德斯鸠(夏尔-路易斯·德)(Montesquieu, Charles-Louis de)(1689~1755)：法国政治理论家、历史哲学家

蒙哥马利(罗伯特·L.)(Montgomery, Robert L.)(1807~1855)：英国诗人

蒙泰朗(亨利·德)(Montherlant, Henry de)(1896~1972)：法国作家

莫尔(乔治)(Moore, George)(1852~1933)：英国作家、艺术史学家

莫拉维亚(阿尔贝托)(Moravia, Alberto)(原名艾尔伯特·本切勒,1907~1990)：意大利作家

莫劳(彼得)(Moraw, Peter)(1935~2013)：德国历史学家

莫尔(汉娜)(More, Hannah)(1745~1833)：英国舞台剧作家、宗教作家

摩根(约翰·皮尔蓬)(Morgan, John Pierpont)(1837~1913)：美国金融家

摩根斯特恩(克里斯蒂安)(Morgenstern, Christian)(1871~1914)：德国作家、抒情诗人

莫利(克里斯托夫)(Morley, Christopher)(1890~1957)：美国

作家

摩鲁士（托马斯）（**Morus, Thomas**）（1478～1535）：英国政治家、人文主义者

莫斯卡（布莱恩·S.）（**Moskal, Brian S.**）：美国记者

马格里奇（麦柯尔姆）（**Muggeridge, Malcolm**）（1903～1990）：英国出版商、记者

米勒（约翰内斯）（**Muller, Johannes**）（1864～1949）：德国作家

米勒－伯林（戴特莱夫）（**Müller-Böling, Detlef**）：德国科学家（居特斯洛高校发展中心主任）

穆希（理查德）（**Munch, Richard**）：德国社会学家

孟柔（海克特·休）（**Munro, Hector Hugh**）（笔名：萨奇，1870～1916）：英国作家

蒙特（阿克瑟）（**Munthe, Axel**）（1857～1949）：瑞典医生、作家

穆罗（爱德华·R.）（**Murrow, Edward R.**）（1908～1965）：美国政论家

穆齐尔（罗伯特）（**Musil, Robert**）（1880～1942）：奥地利作家

纳博科夫（弗拉基米尔）（**Nabokov, Vladimir**）（1899～1977）：出生于俄罗斯的美国作家

纳多尔尼（斯滕）（**Nadolny, Sten**）（1942～　）：德国作家

纳尔（赫尔马）（**Nahr, Helmar**）（1931～1990）：德国数学家、企业家、作家

奈斯比（约翰）（**Naisbitt, John**）：美国企业管理书籍作者、时代

趋势研究专家

纳努斯(伯尔特)(Nanus, Burt)：美国经济学家、撰书人

拿破仑(波拿巴)(Napoleon Bonaparte)(1769~1821)：法国皇帝

内克尔曼(约瑟夫)(Neckermann, Josef)(1923~1992)：德国企业家

内斯特罗伊(约翰)(Nestroy, Johann)(1801~1862)：奥地利剧作家、演员

诺伊科尔欣(卡约)(Neukirchen, Kajo)(1942~2020)：德国经理人(德国金属股份公司总裁)

诺伊曼(格哈德)(Neumann, Gerhard)(1917~1998)：德裔美国经理人(通用电气飞机引擎集团前总裁)

纽曼(詹姆斯)(Newman, James)

牛顿(依萨克)(Newton, Isaac)(1643~1727)：英国物理学家、数学家、天文学家

尼克劳斯(杰克)(Nicklaus, Jack)(1940~　)：美国职业高尔夫选手

尼德洛依特(托马斯)(Niederreuther, Thomas)(1909~1990)：德国商人、画家、小品文作家

尼尔森(查尔斯)(Nielson, Charles)

尼采(弗里德里希)(Nietzsche, Friedrich)(1844~1900)：德国哲学家

尼可诺夫(伏亚切斯拉夫)(Nikonov, Vyacheslav)：俄国经理人(莫斯科 fond politika)

尼默尔(丹)(Nimer, Dan)：美国企业咨询顾问

尼克松(理查德)(Nixon, Richard)(1913～1994)：美国第 37 任总统

诺勒-诺伊曼(伊丽莎白)(Noelle-Neumann, Elisabeth)(1916～2010)：德国政论学家、公众舆论研究专家

诺德霍夫(海因里希)(Nordhoff, Heinrich)：德国经理人(大众汽车公司前首席执行官)

诺瓦利斯(Novalis)(原名弗里德里希・莱奥珀尔德・弗莱海尔・冯・哈尔登贝格,1772～1801)：德国诗人

欧伯夏尔(安东尼)(Oberschall, Anthony)：美国社会学家

奥卡姆(威廉)(Occam, William of)(约 1285～1349)：英国神学家、哲学家

奥格威(戴维・M.)(Ogilvy, David M.)(1911～1999)：英裔美籍广告专家

奥尔森(曼科尔)(Olson, Mancur)(1932～1998)：美国社会学家

奥培(约翰)(Opie, John)：美国经理人(通用电气公司负责人之一)

奥拉宁-拿骚(威廉四世)(Oranien-Nassau, Wilhelm IV.von)(1533～1584)：奥拉宁王储

奥尔本(罗伯特)(Orben, Robert)：美国谐谑作家、雄辩家

欧宁胥(狄恩)(Ornish, Dean)：美国心脏病学家、营养学专家

奥尔特加-加塞特(荷塞)(Ortega y Gasset, Jose)(1883~1955)：西班牙文化哲学家、杂文作家

奥斯本(约翰)(Osborne, John)(1929~1994)：英国剧作家、演员

奥斯勒(威廉)(Osler, William)(1849~1919)：英国医生

奥托(米歇尔)(Otto, Michael)(1943~　)：德国企业家(奥托货物邮递公司总裁)

奥韦尔埃克(威廉)(Overacker, William)：美国将军

奥维德(Ovid)(公元前43年~公元前17年)：罗马诗人

奥克森菲尔德(艾尔弗莱德·R.)(Oxenfeldt, Alfred R.)：美国经济学家

帕卡德(戴维)(Packard, David)(1912~1996)：美国电脑专家、企业家(惠普公司创始人)

帕卡德(温斯·欧克雷)(Packard, Vance Oakley)(1914~1996)：美国记者、作家

派诺(马歇尔)(Pagnol, Marcel)(1895~1974)：法国作家、电影导演

潘恩(托马斯)(Paine, Thomas)(1737~1809)：美国政论家、政治家

佩内莎(卡拉)(Paonessa, Carla)：美国企业咨询顾问

教皇 13 世(约翰)(**Papst Johannes XXIII**)(本名安格鲁·吉欧塞浦·隆卡利,1881~1963)：教皇

帕金森(**C. 诺斯柯特**)(**Parkinson, C. Northcote**)(1909~1993)：英国历史学家、政论家

帕斯卡(柏莱斯)(**Pascal, Blaise**)(1623~1662)：法国数学家、哲学家、作家

巴斯德(路易斯)(**Pasteur, Louis**)(1822~1895)：法国化学家、细菌学家

巴顿(乔治·S.)(**Patton, George S.**)(1885~1945)：美国将军

鲍林(里纳斯)(**Pauling, Linus**)(1901~1994)：美国科学家、两次获诺贝尔奖

包尔森(弗里德里希)(**Paulsen, Friedrich**)(1846~1908)：德国哲学家

皮尔(诺曼·文森特)(**Peale, Norman Vincent**)(1898~1993)：美国作家、教会人士

潘(威廉)(**Penn, William**)(1644~1718)：英国贵格会教徒、宾夕法尼亚州创立人

佩雷斯(西蒙)(**Peres, Shimon**)(1923~2016)：以色列政治家、诺贝尔和平奖得主

佩尔法尔(艾伯哈特·冯)(**Perfall, Eberhard von**)：德国经理人(Rütgers 股份公司总裁)

柏加的阿波罗尼奥斯(**Perga, Apollonius von**)(公元前 280 年~

公元前 210 年）：古希腊数学家

伯里克利（Perikles）（约公元前 500 年~公元前 429 年）：古希腊政治家

佩斯塔洛奇（约翰·海因里希）（Pestalozzi，Johann Heinrich）（1746~1827）：瑞士社会改革家

彼得（劳伦斯·J.）（Peter，Laurence J.）（1919~1990）：加拿大心理学家、企业管理书籍作者

彼得斯（克利斯托夫）（Peters，Christoph）（1966~　　）：德国撰书人

彼得斯（罗杰）（Peters，Roger）：美国企业管理书籍作者

彼得斯（汤姆）（Peters，Tom）（1942~　　）：美国企业管理书籍作者、企业管理咨询顾问

彼特拉克（Petrarca）（1304~1374）：意大利诗人

佩勒菲特（罗杰）（Peyrefitte，Roger）（1907~2000）：外交官、作家

普福（布鲁斯）（Pfau，Bruce）：美国企业咨询顾问

菲利普（阿瑟）（Phelps，Arthur）（约 1890~1933）：美国蓝调音乐家

菲利普二世（Philipp II）（1527~1598）：西班牙国王

皮卡比亚（弗兰西斯）（Picabia，Francis）：法国画家

皮卡（埃米尔）（Picard，Emile）（1856~1941）：法国数学家

毕加索（帕布洛）（Picasso，Pablo）（1881~1973）：西班牙画家、

雕刻家

皮耶尔(海因里希·冯)(Pierer, Heinrich von)(1941~)：德国经理人(西门子股份公司总裁)

庇夫(君特)(Piff, Gunter)：德国经理人(德国安德烈有限公司首席执行官)

庇古(阿瑟)(Pigou, Arthur C.)(1877~1959)：英国国民经济学家

平肖(克利福德)(Pinchot, Clifford)：英国企业管理书籍作者

品达(Pindar)(公元前 518—公元前 442)：古希腊抒情诗人

皮利(麦德逊)(Pirie, Madson)：英国经济学家(伦敦亚当·斯密学院)

皮舍茨里德(伯恩德)(Pischetsrieder, Bernd)：德国汽车行业经理人(宝马公司前总裁、大众公司负责人之一)

彼特(威廉)(Pitt, William)(1708~1778)：英国政治家

皮塔科斯(Pittakos)(约公元前 600 年~?)：古希腊政治家

普朗克(马克斯)(Planck, Max)(1858~1947)：德国物理学家、诺贝尔奖得主(1918 年)

普拉滕(奥古斯特·冯)(Platen, August von)(1796~1835)：德国抒情诗人、作家

柏拉图(Piaton)(公元前 428 年~公元前 374 年)：古希腊哲学家

普拉特(列维斯)(Platt, Lewis)：美国经理人(惠普公司前

总裁）

普劳图斯（**Plautus**）（公元前 205 年~公元前 184 年）：罗马喜剧作家

普鲁塔克（**Plutarch**）（约 120 年~?）：古希腊哲学家、历史学家

珀尔（卡尔-奥托）（**Pöhl, Karl-Otto**）（1929~2014）：德国金融家（联邦银行前总裁）

庞加莱（亨利）（**Poincare, Henri**）（1854~1912）：法国物理学家、数学家、天文学家

蓬皮杜（乔治）（**Pompidou, Georges**）（1911~1974）：法国政治家

鲍普康恩（菲斯）（**Popcorn, Faith**）（1947~　）：美国市场营销顾问、时代趋势研究专家

波普尔（卡尔·**R.**）（**Popper, Karl R.**）（1902~1994）：出生于奥地利的英国哲学家

波特（迈克尔）（**Porter, Michael E.**）：美国经济学家（哈佛大学）

珀蒂乌斯（拜尔拜）（**Porteus, Beilby**）（1731~1808）：美国教会人士

鲍威尔（约翰）（**Powell, John**）：美国耶稣会士、哲学家

普拉格（乌厄利）（**Prager, Ueli**）（1916~2011）：瑞士企业家（Mövenpick 连锁餐厅创始人）

普雷（马克斯·德）（**Pree, Max de**）：美国企业家、企业管理书

籍作者(Hermann Miller 公司前总裁)

普莱明(奥托)(**Preminger, Otto**)(1906~1986)：奥地利裔美国导演、电影制片人

普利高津(伊尔亚)(**Prigogine, Ilya**)(1917~2003)：比利时物理化学家、诺贝尔奖得主(1977 年)

普鲁斯特(马塞尔)(**Proust, Marcel**)(1871~1922)：法国作家

普布利乌斯(**Publius**)(公元前 70 年~公元前 43 年)：罗马政治家

普利策(约瑟夫)(**Pulitzer, Joseph**)(1847~1911)：匈牙利裔美国出版家

毕达哥拉斯(**Pythagoras**)(公元前 580 年~公元前 500 年)：古希腊数学家

库瓦汀格(赫尔穆特)(**Qualtinger, Helmut**)(1928~1986)：奥地利演员、小型歌舞剧演员

奎因(T. K.)(**Quinn, T. K.**)

拉贝(威廉)(**Raabe, Wilhelm**)(1831~1910)：德国作家

拉德布鲁赫(古斯塔夫)(**Radbruch, Gustsv**)(1878~1949)：德国政治家、作家

拉纳(卡尔)(**Rahner, Karl**)(1904~1984)：出生于德国的奥地利耶稣会士、宗教哲学家

兰克(利奥波德·冯)(**Ranke, Leopold von**)(1795~1886)：历史学家

拉滕瑙(瓦尔特)(**Rathenau,Walther**)(1867~1922):德国政治家

莱蒙德(F. J.)(**Raymond, F. J.**)

里根(罗纳德)(**Reagan, Ronald**)(1911~2004):美国第40任总统

李(保罗)(**Ree,Paul**)(1849~1901):哲学家

赖兴格(汉斯)(**Reichinger, Hans**)

莱纳斯(路德维希)(**Reiners, Ludwig**)(1896~1957):企业家

莱茨勒(沃尔夫冈)(**Reitzle, Wolfgang**)(1949~　):德国经理人(宝马汽车公司前总裁)

勒纳尔(朱勒)(**Renard, Jules**)(1864~1910):法国作家

理弗森(查尔斯)(**Revson, Charles**)(1906~1975):美国企业家(Revson化妆品公司创始人)

雷诺(保尔)(**Reynauld, Paul**)(1878~1966):法国政治家

李嘉图(戴维)(**Ricardo, David**)(1772~1823):英国经济学家

里肯巴克(爱德华·V.)(**Rickenbacker, Edward V.**)(1890~1973):美国飞机制造业企业家、飞行员

瑞克瓦(海曼)(**Rickover, Hyman**)(1900~1986):美国海军军官

罗伯茨(爱德华)(**Roberts, Edward**):出生于英国的德国经理人

罗伯茨(保罗·克雷格)(**Roberts, Paul Craig**):美国记者、经

济学家

罗宾逊三世 (詹姆斯・哈维) (Robinson III, James Harvey) (1863 ~ 1936) : 美国历史学家

罗宾逊 (爱德华・G.) (Robinson, Edward G.) (1893 ~ 1973) : 罗马尼亚裔美国电影演员

罗卡尔 (米歇尔) (Rocard, Michel) (1930 ~ 2016) : 法国政治家

洛克菲勒 (约翰・D.) (Rockefeller, John D.) (1839 ~ 1937) : 美国石油工业家 (标准石油公司创始人)

洛克菲勒 (尼尔森・A.) (Rockefeller, Nelson A.) (1908 ~ 1979) : 美国政治家

罗迪克 (安妮特) (Roddick, Anita) (1943 ~   ) : 英国女企业家 (Body Shop 创始人)

罗特利斯伯格 (弗里茨) (Roethlisberger, Fritz) : 瑞士经理人

罗杰斯 (卡尔) (Rogers, Carl) (1902 ~ 1987) : 美国心理学家、心理治疗师

罗尔巴赫 (伯恩德) (Rohrbach, Bernd) : 德国企业咨询顾问、创造性问题研究专家

罗兰 (罗曼) (Rolland, Romain) (1866 ~ 1944) : 法国作家,诺贝尔文学奖得主 (1915 年)

隆美尔 (曼弗莱德) (Rommel, Manfred) (1928 ~ 2013) : 德国政治家 (斯图加特前市长)

罗纳 (马尔库斯) (Ronner, Markus) : 瑞士作家

鲁尼(安德鲁·A.)(**Rooney,Andrew A.**)(1919~2011)：美国新闻记者

罗斯福(伊莲诺)(**Roosevelt,Eleanor**)(1884~1962)：美国第一夫人

罗斯福(富兰克林·D.)(**Roosevelt,Franklin D.**)(1882~1945)：美国第 33 任总统

罗斯福(西奥多)(**Roosevelt,Theodore**)(1858~1919)：美国第 26 任总统

鲁塞格尔(彼得)(**Rosegger,Peter**)(1843~1918)：奥地利作家

罗森贝格(伯恩德)(**Rosenberg,Bernard**)(1924~1996)：美国珠宝商人

罗森贝格(路德维希)(**Rosenberg,Ludwig**)(1903~1977)：德国经理人

罗森塔尔(菲利普)(**Rosenthal,Philip**)(1916~2001)：德国企业家、政治家

罗斯丹(让)(**Rostand,Jean**)(1894~1977)：法国生物学家、作家

罗斯腾(列奥)(**Rosten,Leo**)(1908~1997)：美国政治学家、撰书人

罗特施尔德(迈耶·阿姆舍尔)(**Rothschild,Mayer Amschel**)(1744~1812)：德国金融家

卢梭(让-雅克)(**Rousseau,Jean-Jacques**)(1712~1778)：法国

哲学家、作家

鲁(约瑟夫)(**Roux, Joseph**)(1834~1886)：法国牧师、作家

吕弗(雅克)(**Rueff, Jacques**)：法国货币专家

拉斯金(约翰)(**Ruskin, John**)(1819~1908)：英国社会改革家

罗素(伯特兰)(**Russell, Bertrand**)(1872~1970)：英国数学家、
哲学家

拉特利奇(约翰)(**Rutledge, John**)(1923~　)：美国企业家

萨卡洛夫(安德烈)(**Sacharow, Andrei**)(1921~1989)：俄罗斯
物理学家、民法学家

圣伯夫(夏尔·奥古斯丁·德)(**Sainte-Benve, Charles Augustin
de**)(1804~1869)：法国批评家

圣埃克苏佩里(安托尼)(**Saint-Exupery, Antoine de**)(原名孔
德·玛丽·罗歇,1900~1944)：法国作家、飞行员

桑德伯格(卡尔)(**Sandburg, Carl**)(1878~1967)：美国诗人、
作家

萨塔亚纳(乔治)(**Santayana, George**)(1863~1952)：西班牙裔
美国哲学家、诗人

萨顿(乔治)(**Sarton, George**)(1884~1956)：比利时裔美国历
史学家

绍尔布鲁赫(费迪南)(**Sauerbruch, Ferdinand**)(1875~1951)：
德国医生

萨韦尔(乔治)(**Savile, George**)(1633~1695)：英国政治家

沙赫特(亨利·B.)(**Schacht, Henry B.**)(1941~　　)：美国经理人(Cummings Engine 总裁)

沙德(伊莲娜)(**Schade, Irina**)(1962~　　)：德国女记者

沙特(迪特尔)(**Schadt, Dieter**)：德国经理人(Haniel 股份公司总裁)

绍卡尔(理查德)(**Schaukal, Richard**)(1874~1942)：奥地利抒情诗人、杂文作家

谢林(托马斯·C.)(**Schelling, Thomas C.**)：美国政治学家

谢尔(约翰内斯)(**Scherr, Johannes**)(1817~1886)：瑞士文学史家

席勒(弗里德里希·冯)(**Schiller, Friedrich von**)(1759~1805)：德国诗人、剧作家

施尔马赫(沃尔夫)(**Schirrmacher, Wolf**)：德国文学研究家

施莱格尔(弗里德里希)(**Schlegel, Friedrich**)(1772~1829)：德国作家、批评家

施隆多夫(弗尔克)(**Schlondorff, Volker**)(1939~　　)：德国电影导演

施罗斯坦(斯蒂文)(**Schlosstein, Steven**)(1941~　　)：美国咨询顾问、撰书人

施密特(赫尔穆特)(**Schmidt, Helmut**)(1918~2015)：德国政治家、联邦总理(1974~1982 年)

施密特(约瑟夫)(**Schmidt, Josef**)：德国企业管理书籍作者

施密特（罗塔尔）（Schmidt, Lothar）：德国小品文作家

施密茨（霍斯特）（Schmitz, Horst）

施纳尔斯（斯蒂文·P.）（Schnaars, Steven P.）：美国市场营销学家

施内沃伊格特（伊诺）（Scheevoigt, Ihno）：德国经理人（安联集团负责人之一）

施奈德（阿瑟）（Schneider, Arthur）：美国电影和电视编导

施尼茨勒（阿图尔）（Schnitzler, Arthur）（1862~1931）：奥地利作家

舍普斯（汉斯-约阿希姆）（Schoeps, Hans-Joachim）（1909~1980）：德国宗教史学家

叔本华（阿图尔）（Schopenhauer, Arthur）（1788~1860）：德国哲学家

施伦普（尤尔根·E.）（Schrempp, Jürgen E.）（1944~   ）：德国经理人（戴姆勒-克莱斯勒公司总裁）

施罗德（格哈德）（Schroder, Gerhard）（1944~   ）：德国政治家、联邦总理（自1998年起）

舒特-诺埃尔（赫宁）（Schulte-Noelle, Henning）德国经理人（安联集团负责人之一）

舒曼（罗伯特）（Schumann, Robert）（1810~1856）：德国作曲家

熊彼特（约瑟夫）（Schumpeter, Joseph）（1833~1950）：出生于奥地利的美国经济学家

舒尔茨(卡尔)(Schurz, Carl)(1829~1906):德裔美国政治家、记者

舒茨(彼得)(Schutz, Peter):出生于德国的美国经理人(保时捷公司前总裁)

施瓦伯(查尔斯)(Schwab, Charles)(1862~1939):美国钢铁工业家

斯各特(查尔斯·普里斯维奇)(Scott, Charles Prestwich)(1846~1932):英国报纸发行人

塞巴斯蒂安(卡尔-海因茨)(Sebastian, Karl-Heinz)(1954~　):德国企业咨询顾问(西蒙-库赫及伙伴战略与市场顾问公司)

塞盖拉(雅克)(Segela, Jacques):法国广告行业经理人(RSCG广告公司创始人)

塞德尔(海因里希·沃尔夫冈)(Seidel, Heinrich Wolfgang)(1876~1945):德国神职人员、小说家

塞费治(H. 哥顿)(Selfridge, H. Gordon)(1864~1947):美国裔英国企业家

塞尔茨尼克(托马斯)(Selznick, Thomas)

塞涅卡(Seneca)(约公元前3年~公元65年):罗马政治家、作家、哲学家

圣吉(彼得·M.)(Senge, Peter M.):美国企业管理书籍作者

塞万-施莱伯(让-雅克)(Servan-Schreiber, Jean-Jacques)(1924~2006):法国政治家、记者

沙纳汉（艾琳）（Shanahan, Eileen）：美国女记者

肖伯纳（乔治）（Shaw, George Bernard）（1856~1950）：爱尔兰作家、剧作家，诺贝尔文学奖得主（1925 年）

雪莱（贝尔希·毕希）（Shelley, Percy Bysshe）（1792~1822）：英国诗人

席科特（沃特）（Sickert, Walter）（1860~1942）：德国~丹麦裔英国画家

西门子（维尔纳·冯）（Siemens, Werner von）（1816~1892）：德国工程师、企业家（1847 年的西门子-哈尔斯克公司创始人）

斯隆（伊纳齐奥）（Silone, Ignazio）（1900~1978）：意大利作家

西蒙斯（爱德华）（Simmons, Edward）（1852~1931）：美国道德哲学家、画家

西蒙（赫尔曼）（Simon, Hermann）（1947~　）：德国经济学家、企业咨询顾问（西蒙-库赫及伙伴战略与市场顾问公司创始人）

辛克莱（厄普顿）（Sinclair, Upton）（1878~1968）：美国小说家

希克斯特（艾里希）（Sixt, Erich）（1944~　）：德国企业家（Sixt 股份公司总裁）

斯金纳（B. F.）（Skinner, B. F.）（1904~1990）：美国心理学家、行为学专家

斯隆（艾尔弗莱德）（Sloan, Alfred）（1875~1966）：美国经理人（通用发动机公司前总裁）

斯莫雷（戴恩·E.）（Smalley, Dane E.）

斯迈尔斯(萨缪尔)(Smiles, Samuel)(1812～1904)：苏格兰作家

斯米尔诺夫(安德烈)(Smirnow, Andreij)(1905～1982)：俄罗斯外交官

斯密(亚当)(Smith, Adam)(1723～1790)：苏格兰经济学家、哲学家

史密斯(弗雷德)(Smith, Fred)(1944～　　)：美国企业家(联邦快递公司创始人)

斯诺(查尔斯·P.)(Snow, Charles P.)(1905～1980)：英国作家

苏格拉底(Sokrates)(公元前470年～公元前399年)：古希腊哲学家

索罗(罗伯特)(Solow, Robert)(1924～　　)：美国国民经济学家、诺贝尔奖得主(1987年)

索默尔(隆)(Sommer, Ron)(1949～　　)：德国经理人(德国电信首席执行官)

索福克勒斯(Sophokles)(公元前496年～公元前406/5年)：古希腊悲剧作家

索尔第(阿尔贝托)(Sordi, Alberto)：意大利演员

索罗斯(乔治)(Soros, George)(1930～　　)：匈牙利裔美国投资家

史巴克(保尔-亨利)(Spaak, Paul-Henri)(1899～1972)：比利

时政治家

施佩特（罗塔尔）（Späth, Lothar）（1937~2016）：德国政治家、经理人

斯宾塞（赫伯特）（Spencer, Herbert）（1820~1903）：英国进化论学家、哲学家

斯宾格勒（奥斯瓦尔德）（Spengler, Oswald）（1880~1936）：德国历史哲学家

斯皮克森（托尔莱夫）（Spickschen, Thorlef）（1941~ ）：德国经理人（Knoll 股份公司总裁）

斯宾诺沙（巴鲁赫·德）（Spinoza, Baruch de）（1632~1677）：荷兰哲学家

斯本格尔（莱因哈特·K.）（Sprenger, Reinhard K.）：德国企业咨询顾问、企业管理书籍作者

斯塔尔（日尔曼娜·德）（Stael, Germaine de）（1766~1817）：瑞士裔法国女作家

斯大林（约瑟夫）（Stalin, Joseph）（1879~1953）：俄罗斯政治家

斯坦霍普（菲利普·多默）（Stanhope, Philip Dormer）（1694~1773）：切斯特菲尔德第四任伯爵、英国政治家、作家

斯塔林（欧内斯特）（Starling, Ernest）：英国生理学家、荷尔蒙研究专家

斯坦贝克（约翰）（Steinbeck, John）（1902~1968）：美国作家、诺贝尔奖得主（1962 年）

斯特恩(劳伦斯)(Sterne, Lawrence)(1713~1768)：英国作家

斯托伊本(弗里德里希·W. 冯)(Steuben, Friedrich W. von)(1730~1794)：德裔美国将军

斯蒂文斯(巴里)(Stevens, Barry)

斯蒂文斯(沃利斯)(Stevens, Wallace)(1879~1955)：美国抒情诗人

斯蒂文森(艾德莱·E.)(Stevenson, Adlai E.)(1930~   )：美国律师、政治家

斯蒂文森(罗伯特·路易斯)(Stevenson, Robert Louis)(1850~1894)：苏格兰作家

斯蒂格勒(乔治)(Stigler, George)(1911~1991)：美国经济学家、诺贝尔奖得主(1982年)

施多瑟尔(奥托)(Stoessl, Otto)(1875~1936)：奥地利剧作家

斯多尔伯格(本杰明)(Stolberg, Benjamin)：美国撰书人、记者

斯通(罗伯特)(Stone, Robert)(1937~2015)：美国作家

施托姆(提奥多)(Storm, Theodor)(1817~1888)：德国作家

斯特雷奇(利顿)(Strachey, Lytton)(1880~1932)：英国作家

斯特劳斯(弗兰茨-约瑟夫)(Strauss, Franz-Joseph)(1915~1988)：德国政治家

斯特拉文斯基(伊格尔)(Strawinsky, Igor)(1882~1971)：出生于俄罗斯的美国作曲家

施特鲁克(沃尔夫·吕迪格)(Struck, Wolf Rüdiger)：德国经

理人、企业管理咨询顾问

孙子（Sun-tse）（公元元年~?）：中国军事理论家

斯威特兰（本）（Sweetland, Ben）：美国企业管理书籍作者

斯威夫特（乔纳森）（Swift, Jonathan）（出生于爱尔兰的英国作家）

斯沃普（赫伯特）（Swope, Herbert）（1882~1958）：美国记者

塔西陀（Tacitus）（55~120）：罗马历史学家

塔里兰（夏尔·莫里斯·德）（Talleyrand, Charles Maurice de）（1754~1838）：法国政治家

唐纳（N. 艾尔顿）（Tanner, N. Eldon）：美国摩门教教会人士

塔蒂（雅克）（Tati, Jacques）（原名 J. 塔蒂谢夫，1908~1982）：法国演员、导演

泰罗（理查德·S.）（Tedlow, Richard S.）：美国企业史学家（哈佛大学）

泰勒（爱德华）（Teller, Edward）（1908~2003）：匈牙利裔美国物理学家

特恩（维尔纳）（Then, Werner）：德国经理人（德国 Randstad 公司首席执行官）

第欧艮尼（Theognis）（约公元前 570 年~约公元前 490 年）：古希腊诗人

第欧福拉斯特（Theophrast）（公元前 372 年~公元前 287 年）：古希腊政治家

梭罗(亨利·戴维)(**Thoreau, Henry David**)(1817~1862):美国作家、诗人

斯鲁普第三(凯尔文)(**Throop III., Kelvin**)

瑟伯尔(詹姆斯)(**Thurber, James**)(1894~1961):美国幽默作家

提索(亨利)(**Tissot, Henri**):法国滑稽演员

托德(麦克)(**Todd, Mike**)(原名艾弗隆·戈登伯根,1907~1958):美国戏剧出品人、电影制片人

托夫勒(艾尔温)(**Toffler, Alvin**)(1928~2016):美国作家、未来研究专家

托尔斯泰(列奥)(**Toistoi, Leo**)(1828~1910):俄罗斯作家、道德哲学家

汤姆林(莉莉)(**Tomlin, Lily**)(1939~　):美国女演员、滑稽演员

汤森(罗伯特)(**Townsend, Robert**):美国经理人、撰书人(Avis公司前总裁)

特菲尔(詹姆斯)(**Trefil, James**)(1938~　):美国物理学家、科学书籍撰书人

特莱比格(吉姆)(**Treybig, Jim**)(1940~　):美国电脑行业企业家

特罗特(莫里斯·S.)(**Trotter, Maurice S.**):美国科学家

杜鲁门(哈里·S.)(**Truman, Harry S.**)(1884~1972):美国第

33 任总统

　　庄子（Tschuang-tse）（约公元前 300 年）：中国哲学家

　　塔其曼（芭芭拉）（Tuchman, Barbara）（1912~1989）：美国历史学家

　　图霍尔斯基（库尔特）（Tucholsky, Kurt）（1890~1935）：德国记者、作家

　　塔珀（马丁）（Tupper, Martin）（1810~1889）：英国诗人

　　特纳（蒂德）（Turner, Ted）（1938~　　）：美国媒体企业家（CNN 创始人）

　　吐温（马克）（Twain, Mark）（原名塞缪尔·朗荷恩·克列门斯，1835~1910）：美国作家

　　泰格尔（弗兰克）（Tyger, Frank）

　　乌代佐（阿尔伯特）（Uderzo, Albert）（1927~2020）：意大利裔法国卡通画家、滑稽作品作家

　　于克斯屈尔（雅各布·冯）（Uexküll, Jakob von）（1864~1944）：爱沙尼亚裔意大利生物学家

　　乌伦布鲁克（格哈德）（Uhlenbruck, Gerhard）（1929~　　）：德国生物免疫学专家、小品文作家

　　尤利希（戴维）（Ulrich, Dave）：美国教授（密歇根大学）

　　乌纳穆诺（米古埃·德）（Unamuno, Miguel de）（1864~1936）：西班牙抒情诗人、剧作家

　　乌斯蒂诺夫（彼得）（Ustinov, Peter）（1921~2004）：英国演员

瓦伦丁（卡尔）（Valentin, Karl）

瓦雷里（保罗）（Valery, Paul）（1871~1945）：法国诗人

范登伯格（阿瑟·H.）（Vandenberg, Arthur H.）（1884~1951）：美国议员

范德斯密特（弗雷德）（Vanderschmid, Fred）：美国经理人

沃夫纳格侯爵（卢克·克拉皮尔·德）（Vauvenargues, Luc Clapiers de）（1715~1747）：法国哲学家、伦理学家

费格萨克（希格弗里德·冯）（Vegesack, Siegfried von）（1888~1974）：德国作家

费斯特（弗雷德里克）（Vester, Frederic）（1925~2003）：德国生物化学家

维达（戈尔）（Vidal, Gore）（1925~2012）：美国作家

弗格勒（希格弗里德）（Vögele, Siegfried）：德国销售人员培训师

福尔默（格哈德）（Vollmer, Gerhard）（1943~　）：德国物理学家、哲学家

弗尔拉特（君特）（Vollrath, Günter）

伏尔泰（Voltaire）（原名佛朗索瓦·玛利·阿鲁埃, 1694~1778）：法国哲学家、作家

瓦格尔（卡尔·海因里希）（Waggerl, Karl Heinrich）（1897~1973）：奥地利作家

瓦格纳（霍尔格）（Wagner, Holger）：德国经理人

沃格林(查尔斯)(Walgreen, Charles)(1935~　)：美国零售行业经理人

沃利斯(D. B.)(Wallace, D. B.)：美国社会学家、创造性问题研究专家

沃尔浦尔(罗伯特)(Walpole, Robert)(1676~1745)：英国政治家

沃尔顿(萨姆)(Walton, Sam)(1918~1992)：美国企业家(沃尔玛创始人)

沃纳梅克(约翰)(Wanamaker, John)(1838~1922)：美国企业家

瓦尔拉赫(恩斯特)(Warlach, Ernst)

瓦尔内克(汉斯-尤尔根)(Warnecke, Hans-Jürgen)(1934~　)：德国科学家(德国弗劳恩霍夫协会会长)

瓦特伯格(瓦尔特·P. 冯)(Wartburg, Walter P. von)：瑞士经理人

华盛顿(乔治)(Washington, George)(1732~1799)：美国第1任总统

沃特曼(罗伯特·H.)(Waterman, Robert H.)：美国企业咨询顾问、畅销书作家

沃特斯(艾伦)(Waters, Alan)：英国国民经济学家

沃特森(托马斯·J.)(Watson, Thomas J.)(1874~1956)：美国企业家(IBM公司创始人)

瓦兹拉维克(保尔)(Watzlawick, Paul)(1921~2007)：奥地利裔美国创造性问题研究专家

渥夫(依弗琳)(Waugh, Evelyn)(1903~1966)：英国女作家、社会批评家

韦伯(卡尔·尤利乌斯)(Weber, Karl Julius)(1767~1832)：德国历史学家、小品文作家

韦伯(马克斯)(Weber, Max)(1864~1920)：德国社会学家

韦伯(维尔纳)(Weber, Werner)(1954~　)：德国经理人(宜家德国公司总裁)

维克斯贝格(约瑟夫)(Wechsberg, Joseph)(1907~1983)：音乐家、律师、记者

魏德纳(沃尔弗拉姆)(Weidner, Wolfram)

魏森博恩(君特)(Weisenborn, Günther)(1902~1969)：德国作家

魏斯(布兰柯)(Weiss, Branco)：瑞士企业家

魏茨泽克(卡尔·弗里德里希·冯)(Weizsäcker, Carl Friedrich von)(1912~2007)：德国物理学家

魏茨泽克(卡尔-克里斯蒂安·冯)(Weizsäcker, Carl-Christian von)(1938~　)：德国经济学家

韦尔奇(杰克)(Welch, Jack)(1935~2020)：美国经理人(通用电气公司首席执行官)

韦尔顿(乔尔)(Weldon, Joel)：美国企业咨询顾问、管理人员

培训师

韦尔斯(赫伯特 · G.) (Wells, Herbert G.) (1866 ~ 1946)：英国作家、历史学家

韦弗尔(弗兰茨) (Werfel, Franz) (1890 ~ 1945)：奥地利作家

韦特海默尔(伊曼努尔) (Wertheimer, Emmanuel) (1846 ~ 1916)：德国哲学家、小品文作家

惠勒(约翰 · A.) (Wheeler, John A.) (1911 ~ 2008)：英裔美国数学家、哲学家

怀特海(艾弗雷德 · 诺斯) (Whitehead, Alfred North) (1861 ~ 1947)：英国数学家、哲学家

慧顿(夏洛特) (Whitton, Charlotte) (1896 ~ 1975)：加拿大女作家、社会工作者

维歇特(恩斯特) (Wiechert, Ernst) (1887 ~ 1905)：德国作家

维德金(文德林) (Wiedeking, Wendelin) (1952 ~)：德国经理人(保时捷股份公司总裁)

维纳(诺伯特) (Wiener, Norbert) (1894 ~ 1964)：美国数学家,控制论创始人

维斯纳(艾里希) (Wiesener, Erich) (1925 ~ 2013)：瑞士作家

维根霍恩(威廉) (Wiggenhorn, William)：美国经理人(摩托罗拉公司)

威尔科克斯(艾拉 · 惠勒) (Wilcox, Ella Wheeler) (1850 ~ 1919)：美国女诗人、作家

王尔德(奥斯卡)(Wilde, Oscar)(1854~1900):爱尔兰裔英国作家

维尔登布鲁赫(恩斯特·冯)(Wildenbruch, Ernst von)(1845~1909):德国剧作家

威尔德(比利)(Wilder, Billy)(1906~1983):美国导演

威尔逊(哈罗德)(Wilson, Harold)(1916~1995):英国政治家、首相

威尔逊(罗伯特·A.)(Wilson, Robert A.)(1932~2007):美国作家、舞台剧作家

威尔逊(托马斯·伍德罗)(Wilson, Thomas Woodrow)(1856~1924):美国第 28 任总统

温克尔曼(约翰·约阿希姆)(Winckelmann, Johann Joachim)(1717~1768):德国艺术学学者、考古学家

维特根斯坦(路德维希)(Wittgenstein, Ludwig)(1889~1951):奥地利哲学家

沃尔夫(格哈德·R.)(Wolf, Gerhard R.):德国经理人

沃尔夫(托比阿斯)(Wolff, Tobias)(1945~):美国作家

沃尔弗斯(伊万)(Wolffers, Ivan):荷兰医学教授

伍拉德(爱德加)(Woolard, Edgar):美国经理人(杜邦公司首席执行官)

伍尔科特(亚历山大)(Woollcott, Alexander)(1887~1943):美国记者

赖特（弗兰克·洛伊德）（Wright, Frank Lloyd）（1869~1947）：
美国建筑师

赖特（斯蒂文）（Wright, Steven）（1955~　）：加拿大滑稽演员

瑞斯顿（沃特）（Wriston, Walter）（1919~2005）：美国银行家

维尔特（莱因霍尔德）（Würth, Reinhold）（1935~　）：德国企业家

亚曼尼（阿默德·萨基）（Yamani, Ahmed Zaki）（1930~　）：
沙特阿拉伯政治家

杨（安德鲁）（Young, Andrew）（1932~　）：美国民法专家、政治家

杨（列弗）（Young, Lew）：美国记者（《商业周刊》前主编）

汤川秀树（Yukawa, Hideki）（1907~1981）：日本物理学家、诺贝尔奖得主（1949年）

齐默尔（卡尔）（Zimmerer, Carl）（1926~　）：德国投资金融家

左拉（埃米尔）（Zola, Emile）（1840~1902）：法国作家

苏恩（彼得）（Zurn, Peter）：德国经理人（德国巴登-巴登企业之声协会前主席）

图书在版编目（CIP）数据

思想的力量：经理人必读的格言 /（德）赫尔曼·西蒙著；徐畅，张晓静译. －上海：东方出版中心，2021.3

ISBN 978-7-5473-1801-0

Ⅰ.①思… Ⅱ.①赫…②徐…③张… Ⅲ.①企业经营管理 Ⅳ.①F272.3

中国版本图书馆CIP数据核字（2021）第042984号

上海市版权局著作权合同登记：图字09-2021-0198号

Geistreiches für Manager
Copyright © by Hermann Simon
Simplified Chinese translation copyright © (2021)
by Oriental Publishing Co., Ltd.

思想的力量：经理人必读的格言

著　　者	［德］赫尔曼·西蒙
译　　者	徐　畅　张晓静
丛书策划	刘　忠
本书策划	唐丽芳　潘灵剑
责任编辑	戴浴宇　陈哲泓
封面设计	李　果

出版发行　东方出版中心
地　　址　上海市仙霞路345号
邮政编码　200336
电　　话　021- 62417400
印 刷 者　上海盛通时代印刷有限公司

开　　本　890mm×1240mm　1/32
印　　张　14.25
字　　数　262千字
版　　次　2021年3月第1版
印　　次　2021年3月第1次印刷
定　　价　89.00元